上古密码 山海经

方　韬 主编
尚青云简 编绘

山东友谊出版社·济南

图书在版编目（CIP）数据

上古密码山海经 / 方韬主编. — 济南 ：山东友谊出版社，2023.9

ISBN 978-7-5516-2786-3

Ⅰ.①上… Ⅱ. ①方… Ⅲ. ①《山海经》－青少年读物 Ⅳ. ①K928.626-49

中国国家版本馆CIP数据核字（2023）第155047号

上古密码山海经

SHANGGU MIMA SHANHAIJING

策划编辑：郭海龙　王　震
责任编辑：肖　杉　肖　静
装帧设计：有·态度 L'Attitude Design Studio 设计工作室

主管单位：山东出版传媒股份有限公司
出 版 者：山东友谊出版社
地址：济南市英雄山路 189 号　邮政编码：250002
电话：出版管理部（0531）82098756
市场营销部（0531）82098035（传真）
网址：www.sdyouyi.com.cn
印　　刷：鹤山雅图仕印刷有限公司

开本：889 mm × 1194 mm　1/16
印张：12　字数：300 千字
版次：2023 年 9 月第 1 版　印次：2023 年 9 月第 1 次印刷
定价：158.00 元

前 言

在中国，有一本先秦奇书，有人称它为“上古奇幻巨著”，有人称它为“失落的天书”，凡读懂之人无不为之惊叹，不吝赞美之词，它就是《山海经》。

《山海经》共 18 卷，以山为经，以海为纬，记述了一个瑰丽而奇幻的上古世界，那里的山川河流、奇花异草、金石矿物、异国部落、神祇异兽、祭祀及神仙方术……无一不充满了神秘的气息。

在上古神异的山海世界里，生活着一百二十余种能力不同的异兽：能通晓过去的贪吃狌狌、法力通天的青丘王者九尾狐、象征太平盛世的百鸟之王凤凰、守护天帝后花园的虎纹鸟翼的英招……星罗棋布地分布着一百三十余个邦国，境内生活着各自独有的国民，风情各异：羽民国的国民背生双翅，白发喙嘴，竟然是从蛋里孵出来的；讙头国的国民以翅膀当拐杖，长嘴巴用来捕鱼；厌火国的国民每天吃火炭，随时可喷火；贯匈国的国民生来胸口就有洞，穿根竹杠抬着就走……

狌狌的故乡招摇山为南方第一座山，山上长着食之不饿的祝余草和一开花就光芒万丈的迷榖树；雄居西方的第一座山崇吾山，长着让人儿孙满堂的树，举父在此玩耍，蛮蛮在此双飞；天帝在人间的居所昆仑山，遍布奇珍异植，怪鸟神兽，生机无限……四百多座山及它们的丰饶物产，被由南向西，再往北，最后是大陆（九州）中部，一一记录。这些随处可见的山名，常能与古代的地名相互印证，是《山海经》自古以来被认为是一部地理志的重要标志。

在这个世界里，还发生了很多中国人耳熟能详的神话故事：上古第一大战黄帝战蚩尤，天上人间能者皆来助战，成就了流传千古的精彩和悲壮；刑天舞干戚，挑战不可能，永不妥协的战斗精神感天动地；夸父追日，口渴而死，手杖化桃林，造福后人；共工怒撞不周山，悲天悯人的创世母神女娲无奈补天空；十个太阳嬉戏胡闹，引发天下大乱，神箭手羿奉命下界，射落九个……

山川地理、奇国异物、风土物产、历史民俗、神话传说、宗教祭祀……包罗万象又神奇玄幻的《山海经》就像上古世界留给后人的密码，破译了它就能走进那个让我们好奇和神往了千年的世界。

山海经

目录

异兽录

山海经 目录

异兽录

山海经 目录

奇国录

山海经 目录

奇国录

山海经 目录

名山录

山海经 目录

名山录

山海经 目录

神话录

异兽录
山海经

《读山海经十三首·其十一》

巨危肆威暴，钦𬳿（pī）违帝旨。
窫窳（yàyǔ）强能变，祖江遂独死。
明明上天鉴，为恶不可履。
长枯固已剧，鵕鹗（jùn'è）岂足恃！

——东晋·陶渊明

狌狌

其首曰招摇之山，临于西海之上……有兽焉，其状如禺而白耳，伏行人走，其名曰狌（xīng）狌，食之善走。

——《南山经》

异兽档案

姓名 狌狌

籍贯 招摇山

颜值特征 类猿猴，白色耳朵

特异功能 通晓过去

传说秘效 食其肉可以让人健步如飞

出现国境 中国

典籍记载	提到特性
《礼记》	会说人话
《尔雅》	喜欢发出像小孩儿哭一样的声音
《交州异物志》	会发声，在夜间伴夜啼郎唱歌
《赤雅》	通晓各种声音，善少女语声

通晓过去的吃货

传说，狌狌会说人话，知道过去发生的事情，非常神奇。它们喜欢草鞋，还有些贪吃，招摇山附近的居民常常在狌狌出没的地方摆上酒菜，并放上许多串在一起的草鞋。狌狌们明知这是人类的骗局，却受不了酒菜的诱惑。它们喝醉后，便去穿草鞋，结果连成一串，为人类所捕获。大概就是因此嗜好，狌狌后来灭绝了。

三种不同的外形

在《南山经》的记载中，狌狌的外形与现在的猩猩差异不大，除爬行外，也能像人一样直立行走，长着一双醒目的白耳朵。

《山海经》中狌狌还有另外两种外形：一是人面猪身，二是人形披兽皮。

旋龟

又东三百七十里，曰杻阳之山。……怪水出焉，而东流注于宪翼之水。其中多玄龟，其状如龟而鸟首虺（huǐ）尾，其名曰旋龟，其音如判木，佩之不聋，可以为底。

——《南山经》

入伏之后出“龟孽”

《汉书·五行志》中记载：“雨以龟为孽。”这里的龟便是旋龟。古人迷信，认为水涝则龟多，必有奇异之事发生。所以，“龟孽”被认为是灾变的一种。实际上，夏季入伏之后，北方各地进入多雨季节，雨多龟自然就大量出现，这是一种自然现象，而非旋龟作怪。

异兽档案

姓名 旋龟

籍贯 杻阳山

颜值特征 鹰嘴、蛇尾，有利爪

特异功能 叫声如剖开木头

传说秘效 佩戴其壳耳朵不聋，可治疗手足茧

出现国境 中国、越南、老挝、柬埔寨等

大禹治水的功臣

旋龟鹰头蛇尾，有着尖利的脚爪。传说，大禹治水时，应龙在前面用尾巴划地，指引着大禹沿它划开的地方开凿水道。旋龟则背上驮着息壤（传说中能自动生长的神奇土壤），跟在大禹身后，以便大禹把息壤投向大地。息壤落到地面后，会迅速生长，瞬间阻住洪水。

能爬树的鹰嘴龟

2002年，江西抚州南城县的村民发现了两只“怪龟”，就是鹰嘴龟，其形象与《山海经》中旋龟的记载十分吻合。因此，有专家认为旋龟就是鹰嘴龟。鹰嘴龟尾巴很长，有的长度超过龟壳，且尾巴上覆有鳞片。它们能轻松爬越障碍，甚至能爬到树上捕猎小鸟，性情凶猛。

旋龟名字是怎么来的？

“旋龟”之所以被称为旋龟，是因为在水流湍急的情况下，它可以把头、尾和四肢缩进壳内，蜷成圆筒状顺流滚动。而且，它的壳上分布着均匀的、带棱的椎体，能起到缓冲和保护作用，使旋龟不受伤。

九尾狐

又东三百里，曰青丘之山，其阳多玉，其阴多发青雘（huò）。有兽焉，其状如狐而九尾，其音如婴儿，能食人，食者不蛊。

——《南山经》

王母座下四大瑞兽之一

居住在青丘山的九尾狐，叫起来像婴儿在哭。先秦至汉代，它在人们心目中是一只瑞兽、神兽，是太平盛世的象征。它与玉兔、金蟾、三足乌并列于西王母身旁，是西王母的随从和使者，象征着祥瑞与子孙兴旺。不少古书中都曾记载，每当有贤明君主励精图治，爱护百姓，缔造了太平盛世时，九尾狐就会出现。

异兽档案

姓名	九尾狐
籍贯	青丘山
颜值特征	九条尾巴
特异功能	声音如同婴儿啼哭
传说秘效	食其肉可让人不沾染妖邪之气
出现国境	中国、日本、朝鲜、印度

大禹娶妻的媒人

《吕氏春秋》中记载，大禹三十岁了还没娶亲。有一天，他来到涂山时，一只九尾白狐出现在他面前。他很高兴，认为这是一个好兆头。涂山部落的人便编了一首歌谣。大意是，谁娶了涂山部落的女儿，谁的家族就会兴旺。不久，大禹便娶了涂山女子女娇为妻，后来他就成为部落联盟的首领。因此，人们都说，九尾狐是大禹与妻子女娇的媒人。

魅惑君王的狐狸精

到了宋代，人们把九尾狐和为恶的妖怪联系在一起，九尾狐就渐渐成了“妖精”与“乱世”的代名词。最有名的一个狐妖代表，就是《封神演义》中的苏妲己。商朝末年，纣王无道，女娲娘娘便派九尾狐去魅惑纣王，好让他的商王朝早点灭亡。九尾狐附身到被送进宫服侍纣王的美女苏妲己身上，撺掇纣王杀害忠良，残害百姓，搞得天下大乱。

? 日本
杀生石传说是真的吗？

相传商亡后九尾狐逃到日本，成为鸟羽天皇的宠妃玉藻前，被阴阳师识破后杀死在日本的那须镇，化为杀生石。鸟类及昆虫只要接触到这种石头，就会死亡。一些寺庙就把杀生石搬去，当作神物供奉。据科学家研究，杀生石是因受到周围火山喷发物质的浸熏，带有剧毒。

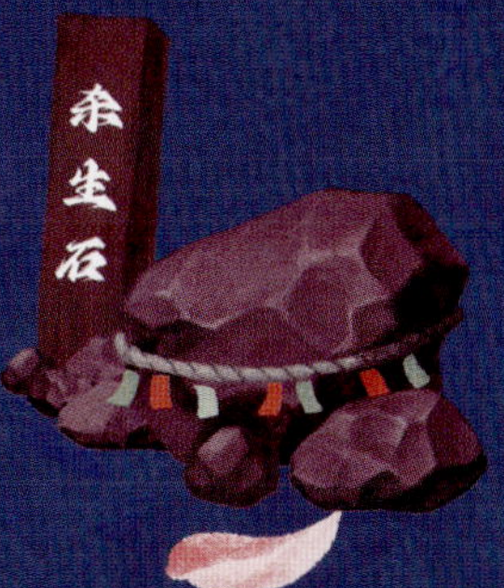

猼訑

又东三百里，曰基山，其阳多玉，其阴多怪木。有兽焉，其状如羊，九尾、四耳，其目在背，其名曰猼訑（bóyí），佩之不畏。

——《南山经》

异兽档案

姓名 猼訑

籍贯 基山

颜值特征 九尾、四耳，眼睛在背上

传说秘效 佩戴其皮毛可变得勇敢

出现国境 中国

古代数量

“九”有什么玄机？

古人非常推崇数量“九”，往往以“九”来表示数量极多、地位极高，比如九牛一毛、九曲黄河、九天之上、九五之尊等。古人追求十全十美，但“十”代表着“满”，月满则亏，物极必反，“九”恰好在上升趋势中，是“无限”的开始，所以“九”被看作是至尊之数。

眼睛长在背上的九尾羊

猼訑是一种长得像羊的动物，角很大很大，四只耳朵，和九尾狐一样也有九条尾巴，是不是很稀奇？不仅如此，它的眼睛不长在头上，而是长在了背上。据说跑起来很快，密林都影响不了它的速度。

勇气的源泉

猼訑虽长相温顺，却十分神勇。可惜的是，在古人吃羊肉、披羊皮的习惯下，它也没能逃脱当猎物的厄运。据说，它的皮毛很神奇，人们披上就会变得勇敢起来，没有了畏惧之心。

狸力

南次二经之首，曰柜山。……有兽焉，其状如豚，有距，其音如狗吠，其名曰狸力，见则其县多土功。

——《南山经》

狸力跟现今哪种动物相像呢？

据当代学者研究，狸力与狗獾非常相似，可能就是现在的狗獾。第一，狗獾和猪的大小接近。第二，狗獾的爪子也非常像鸡爪。第三，狗獾的叫声也像狗叫。第四，狗獾出现的地方，多有塌方，地面凹凸不平。此外，也有人认为，狸力与穿山甲、非洲食蚁兽、鼹鼠都有相似之处。

大兴土木的象征

狸力的样子像猪，脚下却生着类似鸡的爪子，叫声如同狗吠，性情较为温和。它出现的地方，地面总是低洼不平，所以人们猜测它很善于挖土。据说，哪里出现狸力，哪里就会有繁重的土木工程。晋朝郭璞《山海经图赞》中提到，秦始皇征发百万农夫修长城时，狸力就曾出现在工地上。

异兽档案

姓名 狸力

籍贯 柜山

颜值特征 猪形，鸡爪脚

特异功能 善于挖土

出现国境 中国

蛊雕

又东五百里，曰鹿吴之山，上无草木，多金石。泽更之水出焉，而南流注于滂水。水有兽焉，名曰蛊雕，其状如雕而有角，其音如婴儿之音，是食人。

——《南山经》

异兽档案

姓名 蛊雕

籍贯 鹿吴山

颜值特征 头上有角，羽毛坚硬如铁

特异功能 叫声如婴儿啼哭

出现国境 中国、日本

声如婴儿的凶兽

在不长草木的鹿吴山下，泽更河向南流入滂水河，流域中生活的蛊雕身形巨大，双翼展开长达数丈，头上有角，羽毛跟铁一样硬。它利用自己如同婴儿啼哭的叫声，经常诱骗路人靠近，然后一口将猎物吞入腹中。

史书中的不同造型

除《山海经》外，其他文献中也曾提及蛊雕。明代著作《骈（pián）雅》中写“蛊雕如雕而戴角”，《事物绀（gàn）珠》中说“蛊雕如豹，鸟喙一角，音如婴儿”。可见蛊雕在古人心中有两种造型：鸟形、似雕独角和豹形、鸟喙一角。1957 年，考古人员在陕西神木一座战国匈奴墓中发现一个金质鹰嘴鹿形怪兽，有研究者认为，这个文物造型就是来自《山海经》中的蛊雕。

？蛊雕的凶残之名是怎么来的？

民间还有一种传说，说一开始蛊雕是生于雷泽（今江苏太湖），后来才慢慢发展到陆上活动。雷神独霸雷泽后，就将蛊雕赶了出去。蛊雕无奈之下，跑到了黎云荒原（上古时期的不毛之地），成为荒原霸主。据说，蛊雕每十年醒来一次，每次都要吞食数千人。所以，蛊雕在上古凶兽排名榜上赫赫有名。

源于鸟崇拜和太阳崇拜

丹穴山上生活的凤凰外形和鸡相似，身披五彩羽毛，身体上还有五种像字的花纹：头部的花纹像“德”字，翅膀上的花纹像“义”字，背部的花纹像“礼”字，胸部的花纹像“仁”字，腹部的花纹像“信”字。这些花纹赋予了凤凰自然神秘的色彩。远古先民崇拜太阳和鸟，认为红日中有一只三足乌鸦，还有不少部族将鸟认作祖先。后人推断，正是因为这双重崇拜，促成了凤凰图腾的产生。

天下太平的祥瑞之兆

仪态从容的凤凰，可以边唱边舞，它轻易不现身，一出现就预示着天下太平。在古代，凤凰是传说中的百鸟之王。《尔雅·释鸟》中说，凤为雄鸟，凰为雌鸟，因此“凤”在古时也用来指代男性，如三国时名士庞统就被称为“凤雏先生”。后来在逐步的衍化中，凤凰与皇后联系在了一起。

异兽档案

姓名	凤凰
籍贯	丹穴山
颜值特征	鸡头，巨尾，身披五色羽毛
特异功能	自歌自舞
江湖地位	百鸟之王
出现国境	中国
图腾部落	华夏族

凤凰

有鸟焉，其状如鸡，五采而文，名曰凤皇，首文曰德，翼文曰义，背文曰礼，膺文曰仁，腹文曰信。是鸟也，饮食自然，自歌自舞，见则天下安宁。

——《南山经》

幸福与爱情的象征

在中国传统文化中，凤凰一直被视为神鸟，寓意祥瑞，能给人带来幸福和吉祥。唐代有“龙生九子，凤育九雏”的记载，后以“凤引九雏”为天下太平、社会繁荣的吉兆。古时富有家庭的女子出嫁，要凤冠霞帔，就是希望她的婚姻美满幸福。

历代形象之变迁

凤凰一开始的造型与鸡相似，虽稀有，但并没有神化。到了商代，凤凰成为神鸟，一些青铜器和玉器上雕刻的凤纹几乎都是花冠状，有丰满的翅膀、长长的尾羽和宽大有力的爪。春秋战国之后，凤凰变成鸡头、燕颔、蛇颈、龟背、鱼尾且身高五六尺以上的五彩大鸟。明清时期，凤凰基本定型：眼睛细长，腿纤巧，带三翎巨尾。

？凤凰涅槃是怎么回事？

关于凤凰最有名的传说，就是浴火重生。相传凤凰满五百岁后会集香木自焚，再从灰烬中复活，复活后的它们不但更加美丽，还获得了永生，人称“不死鸟”。因此，凤凰又有“火精”之称。又传言，凤凰是人间的幸福使者，背负着人世间的仇恨恩怨，每五百年自焚一次，以生命换来百姓的祥和幸福。经历了肉体的极大痛苦和轮回后，凤凰以更美丽的姿态重生，这一过程被称为“涅槃”。

肥遗

又西六十里，曰太华之山，削成而四方，其高五千仞，其广十里，鸟兽莫居。有蛇焉，名曰肥遗，六足四翼，见则天下大旱。

——《西山经》

异兽档案

- **姓名** 肥遗
- **籍贯** 太华山
- **颜值特征** 六只脚，四个翅膀
- **特异功能** 引起大旱
- **出现国境** 中国

天下大旱的征兆

肥遗的特异本领可不怎么招人待见。据说它一出现，天下便会大旱。晋郭璞注解《山海经》时说，商汤时肥遗在阳山地带出现过一次，结果当地大旱了七年。可见，肥遗的破坏力与“一旱千里”的旱魃（bá，引起旱灾的著名怪物）不相上下。古人常说“商汤贤德，亦不免七年之旱”就缘于此。

不同的形象

除了太华山上的肥遗，在《北山经》中的浑夕山上，也住着一种叫肥遗的怪蛇，它有一个头两个身子。此外，《西山经》中的英山上还有一种鸟名叫肥遗，雌鸟形貌跟鹌鹑相似，身披黄色羽毛，嘴巴是红色的。与前两种肥遗不同的是，此鸟的肉据说人食之可止疫病，还能杀死体内的寄生虫。

肥遗是超级大蝗虫吗？

虽然在《山海经》的记载中，肥遗是一种蛇，但也有人认为，这可能是古人的误判。这种生物如果真的存在，也跟一种大蝗虫非常相似。据说，从前有一种超级蝗虫，名响导蝗虫，身长超过一米，又肥又大，而且也有四个翅膀六条腿。响导蝗虫所过之处，庄稼都被吃得精光，这与带来旱灾的肥遗也有相似之处。再加上古人喜欢夸大，将大蝗虫看成一种蛇也不无可能。

六脚四翅的妖蛇

山崖陡峭如刀削而呈四方形的太华山，高五千仞，宽十里，禽鸟和野兽都无法栖身，唯独生活着六只脚四个翅膀的肥遗。有声韵学专家认为肥遗就是一种妖蛇。《京山县志》记载，明代末年湖北京山某民宅曾出现一“六足如鸡距”的怪蛇，明代经学家郝楚望指出它就是肥遗，随后果然天下大旱。

羬羊

西山经华山之首，曰钱来之山，其上多松，其下多洗石。有兽焉，其状如羊而马尾，名曰羬（xián）羊，其脂可以已腊（xī）。

又西七十里，曰英山，禺水出焉……其阳多箭䉋（mèi），其兽多㸲（zuó）牛、羬羊。

又西二百里，曰鹿台之山，其上多白玉，其下多银，其兽多㸲牛、羬羊、白豪。

——《西山经》

长着马尾巴的羊

羬羊在《山海经》的记载中分布很广泛，在西北和河南一带的钱来山、英山、鹿台山、夸父山等山上都有它的身影。羬羊的样子跟普通的羊没有太大差异，只是长着一条俊逸的马尾巴。我国古代最早的一部词典《尔雅》中记载“羊六尺为羬”，是说羊长到六尺就会变成羬羊。

异兽档案

姓名 羬羊

籍贯 钱来山、英山、鹿台山等

颜值特征 羊身马尾

特异功能 油脂可滋润皮肤

出现国境 中国

羬羊在世界上还存在吗？

据一些专家考证，羬羊就是现在的捻角山羊，也是现今体型最大的山羊。捻角山羊拥有螺旋形的大角，是典型的食草动物，主要吃一些草、叶子和花。它们主要活动在喜马拉雅山的西部林地，数量很少，是一种濒临灭绝的动物。

举父

西次三经之首，曰崇吾之山，在河之南……有兽焉，其状如禺而文臂，豹虎而善投，名曰举父。

——《西山经》

调皮的灵长类

举父生活在黄河南边的崇吾山上，手臂上有花纹，长着一条类似豹尾的尾巴。大概是吸收了天地之精华，举父不仅寿命较长，而且拥有灵性。它的投掷功夫很不错，最喜欢扔石头玩儿，百发百中。遇到过往的路人，举父就拿石头丢人，击中目标后哈哈大笑。

举父行动敏捷，生性活泼，发起怒来连老虎、豹子都怕它。有人认为，《西游记》里的孙悟空就是以举父为原型塑造的。

夸父族的化身

在一些文献中，举父也叫夸父。我们都知道夸父逐日的故事，实际上，在神话传说中，夸父是一个族群，叫夸父族。夸父族的人都长得很高大，素与蚩尤部落交好，当蚩尤与黄帝交战时，夸父族作为蚩尤的盟友，也参与了跟黄帝部落的战争。传说，夸父族人战败后，逃往深山，为了隐藏高大的身躯，他们化身为小巧的举父。从此世间没有了夸父族人的身影，崇吾山上却有了举父。

异兽档案

姓名	举父
籍贯	崇吾山
颜值特征	豹尾
特异功能	善于投掷
出现国境	中国

英招

又西三百二十里，曰槐江之山……实惟帝之平圃，神英招（sháo）司之，其状马身而人面，虎文而鸟翼，徇于四海，其音如榴。

——《西山经》

异兽档案

姓名	英招
籍贯	槐江山
颜值特征	人面马身，虎纹鸟翼
特异功能	叫声如抽水
出现国境	中国

贪玩的管理者

英招是槐江山之主，性情活泼洒脱，喜欢到处游玩，周游四海。后来，天帝命它看守一些吃人的神兽，如土蝼（长得像羊，有四只角）、钦原（外形像蜂，大小如鸳鸯）、六个头的树鸟等，还有蛟龙、大蛇、豹以及各种不知名字的动植物。这些神兽和怪兽都被英招管束得老老实实，不再伤害人类，可见英招的能力非同一般。

天帝后花园的守护神

槐江山是天帝悬在半空的后花园，山上蕴含着丰富的矿藏，有石青、雄黄、黄金和玉石。山的南坡布满了粟粒大小的丹砂（即朱砂），山上蕴藏着琅玕（lánggān，像珠玉的美石），出产的黄金、白银上都带着符彩。这么漂亮的花园由谁来看守呢？那就是英招了。英招是马身人面的神兽，身上有类似老虎的斑纹，还长着一对大大的翅膀。它巡行四海，传布天帝的旨意，发出的声音就如同抽水一样。

除中国外，其他国家有跟英招相似的形象吗？

人面、鸟翼、兽身这种形象并非中国独有，在中东和欧洲也能找到相似异兽。如，在亚述和巴比伦神话中有一种被称为“拉玛苏”的巨兽，人面兽身，展开翅膀可以飞翔，是亚述人神庙和宫殿的守护者。与它一起搭帮守卫的舍杜，亦是如此。在古希腊神话中，有一种半人半马的生物，它们人面马身，性情暴躁，总带着弓箭，除了没有翅膀，其形象跟英招也非常类似。

毕方

又西二百八十里，曰章莪（é）之山……有鸟焉，其状如鹤，一足，赤文青质而白喙，名曰毕方，其鸣自叫也，见则其邑有讹火。

——《西山经》

毕方鸟在其东，青水西，其为鸟人面一脚。一曰在二八神东。

——《海外南经》

异兽档案

姓名 毕方

籍贯 章莪山

颜值特征 像鹤，一只脚

特异功能 预示大火

出现国境 中国

为人间带来火种的英雄

在《山海经》的神鸟记载中，毕方绝对名列前茅。生活在章莪山的毕方，样子像鹤，但只有一只脚，青色的身子，披着或深或浅的红色羽毛。它不吃五谷，叫起来就像在喊自己的名字。

毕方主火，传说它到哪里，哪里就会出现怪火。在一些古老的传说中，毕方本是天帝座下的童子，那时人间还没有火，到了冬天很多人会被冻死，毕方就将火种从天帝那儿偷来，带到人间，让人间有了火和温暖。可见，最早毕方和古希腊神话中的普罗米修斯一样，英勇善良，造福人类。

为黄帝驾车护航的神鸟

黄帝时期，毕方是黄帝的随行神鸟。传说，黄帝战胜蚩尤后，蚩尤的残余势力试图召回蚩尤的魂魄，组建亡魂军队继续与黄帝搏杀。毕方就将那些敌方的亡魂都封锁进西泰山（今河南汝阳城南）之中，平息了战争。《韩非子》中记载，黄帝在西泰山举行部族联盟庆典时，乘坐着蛟龙牵引的象车，毕方就在一旁护卫侍候。

？毕方是否真的存在过呢？

《太平广记》中提到东方朔时，讲了这么一个故事：汉武帝年间，外邦番国进献了一只独足鸟，向武帝祝寿。只有东方朔认出它就是《山海经》中记载的毕方，于是武帝命群臣研读《山海经》。清乾隆年间，《保昌县志》中也曾记有毕方“绕自南南，垂翅于小梅关侧”。

引发火灾的兆火之鸟

汉唐时，毕方渐渐走下神坛，成为火灾的象征。传说哪里有火灾，毕方就会出现在哪里，并发出刺耳的叫声警示人们，所以古人会在木制建筑上雕刻毕方的花纹，以防火灾。《东京赋》里说毕方常衔着火到一些人家里作怪，引发火灾。据记载，南朝陈后主时，就曾有一足鸟落在宫殿上，导致宫殿失火。于是，渐渐地，古人就将毕方看作兆火之鸟。

天狗

又西三百里，曰阴山。……有兽焉，其状如狸而白首，名曰天狗，其音如榴榴，可以御凶。

——《西山经》

有赤犬，名曰天犬，其所下者有兵。

——《大荒西经》

异兽档案

姓名	天狗
籍贯	阴山
颜值特征	白色的头
特异功能	抵御凶灾
出现国境	中国、日本、缅甸等

从山中野兽到天上星宿

天狗或称天犬，是生活在阴山里的异兽，貌似狸猫却长着白色脑袋，叫起来声音是“榴榴”的，养它可以防御凶邪。后来，天狗渐渐被神化，成为天上的星宿。三国时，人们认为天狗是天上的太白金星下凡捉妖。从晋代郭璞开始，天狗被解释为天狗星，从空中降下时似流星，“其疾如风，其声如雷，其光如电”。自此，天狗就彻底成为天上的神兽。

二郎神的哮天犬

天狗上了天庭，自然得配一个不凡的身价。很快，人们就将它与鼎鼎有名的二郎神的哮天犬联系在一起。哮天犬的原型是中国独有的一种狩猎犬——白色短毛细犬。传说每次跟随二郎神降妖伏魔时，它都化身法宝，变成纸片由二郎神揣在怀里。对战之时，二郎神一将它祭出，它便会变成巨象一般大的猛犬，撕咬或拖延敌人，可谓神勇无比。

吃月亮的传说

故事大致有两个版本：一个是佛教故事中的目连救母，一心向佛的目连为救地狱里的母亲，修炼成地藏菩萨，打开了地狱之门。母亲却化身恶狗一口吞掉了月亮，让天上、人间都变得一片黑暗。另一个与嫦娥奔月有关。嫦娥升天时，后羿的猎犬黑耳去追赶嫦娥，吞了月亮。后来王母封它为天狗，它便把月亮吐了出来。现在，我们都知道“天狗吃月亮”只不过是月食天象。

民间的“赶狗节”

在江苏一带有“赶狗节”的风俗。传说，天狗食量很大，不但吃妖精，也吃人和庄稼。曾有一大群天狗落入今江苏丹徒区，吃了农户的粮食，还糟蹋了田里的庄稼。农户们苦不堪言，束手无策。一位老人教大家捏了泥狗，推下河塘，引诱天狗们跟着跳。所以时至今日，每年的农历四月初八，江苏镇江丹徒区宝堰镇一带的人们仍过“赶狗节”，不仅捏了泥狗推下河，还捏面狗蒸了吃。

天狗在日本传说中是什么样？

大概在明朝时期，天狗传说进入日本，天狗演变成非常恐怖的妖怪。它们人形鸟嘴，红脸高鼻，长有翅膀，还穿着木屐和僧服，手里拿着羽扇和金刚杵。性情凶残傲慢的天狗到处作恶，成为日本三大妖怪（天狗、河童、鬼）之一。天狗也分等级，地位较高的是大天狗和天狗，鸦天狗为其手下。

帝江

又西三百五十里，曰天山，多金玉，有青雄黄。英水出焉，而西南流注于汤谷。有神焉，其状如黄囊，赤如丹火，六足四翼，浑敦无面目，是识歌舞，实为帝江也。

——《西山经》

异兽档案

姓名	帝江
籍贯	天山
颜值特征	没有七窍
特异功能	识歌舞
出现国境	中国

没有七窍的歌舞之神

居住在天山里的神是帝江，帝江的外形像一个黄色的口袋，皮肤红得像丹火，有六只脚和四只翅膀。奇特的是，帝江头部混沌一团，分不清面目，却懂音乐和歌舞。因此，帝江也被认为是原始先民的歌舞之神。

在研究《山海经》的学者中，有很多人认为，帝江只是一只类似金乌的神鸟。因为“有神焉”这一句中，“焉”字与“鸟”的繁体字相近，很有可能是“鸟”的误写。

混混沌沌的中央之帝

因为没有七窍，面目混沌，帝江也被称为混沌。古音“江”与“鸿”通，帝江又被叫作帝鸿。而帝鸿是黄帝的别称，后来人们认为混沌就是主宰天地中央的中央之帝。

《庄子·应帝王》篇中，中央之帝混沌与南海之帝倏、北海之帝忽常常聚会，情谊深厚。倏忽二帝认为混沌没有眼、耳、鼻、口很不方便，决心为他开凿七窍。但七窍凿成之后，混沌就死了。

降身四大凶兽之一

到了汉代，不知为何，帝江的形象渐渐被恶化，一下子从中央之帝下降为招人厌恶的凶兽。《神异经》中说，帝江是只既像狗又像罴的野兽，有眼睛却看不见，有耳朵也听不着。它走起路来很困难，却能感知人的行踪。遇到品德高尚的好人，它就用蛮力去顶他；遇到横行霸道的恶人，它却服服帖帖地去摇尾讨好。

上古共工部落的首领

除了神鸟、中央之帝、凶兽，帝江还有一个上古共工部落首领的身份。黄帝时期，有一个部落（炎帝后裔）叫作共工，称共工氏。共工氏崛起于黄帝长子少昊做天下共主的后期，其首领帝江与颛顼（zhuānxū，黄帝之孙）在少昊死后争做天下之主。帝江没战胜颛顼，带领部众迁到今黑龙江及其以北地区，独霸北方。据说，因为帝江头戴干戈（干为盾牌，戈为类似矛的武器），崇尚武力，遂又成为北方玄武大帝的雏形。

冉遗

又西三百五十里，曰英鞮（dī）之山，上多漆木，下多金玉，鸟兽尽白。涴（yuān）水出焉，而北流注于陵羊之泽。是多冉遗之鱼，鱼身蛇首六足，其目如马耳，食之使人不眯，可以御凶。

——《西山经》

异兽档案

姓名	冉遗
籍贯	英鞮山
颜值特征	鱼身蛇头，眼睛如马耳
特异功能	食邪祟
传说秘效	食其肉可御梦魇
出现国境	中国

英鞮山上多漆木，盛产金属矿石和玉石，山里的禽鸟走兽都是白色的。冉遗鱼就生活在发源于此的涴水河中，它们长着鱼的身子，却是蛇的头部，六只脚。它的一双大眼睛也与众不同，形状如同马的耳朵。如果人们吃了这种鱼，不仅可以不做噩梦，还可以避免遭遇凶险之事。

何罗鱼

又北四百里，曰谯明之山，谯水出焉，西流注于河。其中多何罗之鱼，一首而十身，其音如吠犬，食之已痈（yōng）。

——《北山经》

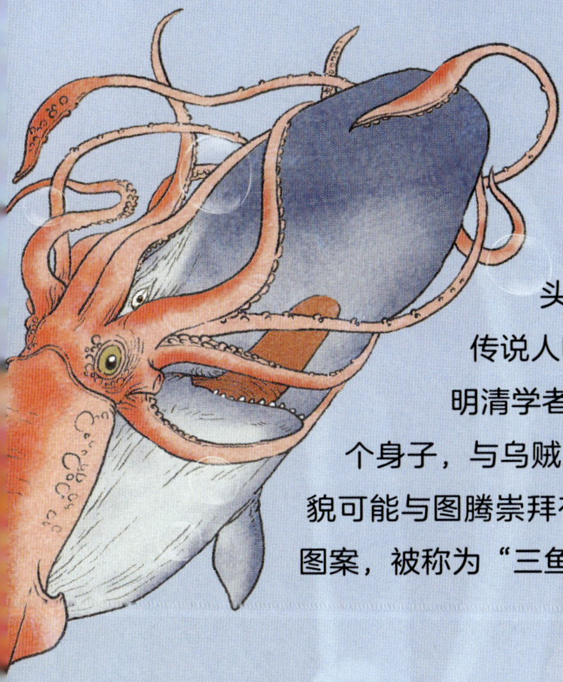

何罗鱼群居在谯明山下的谯水河中，长着一个头和十个身子，平时扎堆在河水中嬉戏，能发出像狗一样的声音。传说人吃了它，可以治疗毒疮。

明清学者认为，何罗鱼就是现在我们认识的乌贼或章鱼，因为它们的十个身子，与乌贼或章鱼的多条腕足有相似之处。也有学者认为，它们奇特的形貌可能与图腾崇拜有关。北魏时期的石壁雕刻中，曾出现过三条鱼共用一个头的图案，被称为“三鱼争月”，这个图案还成为民间流传的吉祥图样。

异兽档案

姓名	何罗鱼
籍贯	谯明山
颜值特征	一头十身
特异功能	发出狗叫声，可御火
特异功能	治疗毒疮
出现国境	中国

？何罗鱼的左邻右舍有多怪？

儵（yóu）鱼住在谯明山南边带山下的河中，形貌像鸡，红色的羽毛，三条尾巴，六只脚，四个脑袋，叫声与喜鹊相似。鳛鳛（zhě）鱼住在谯明山北边涿光山下的河中，形貌像喜鹊，长了十个翅膀，翅膀前端还有鳞片。

穷奇

又西二百六十里，曰邽山。其上有兽焉，其状如牛，猬毛，名曰穷奇，音如獆（háo）狗，是食人。

——《西山经》

穷奇状如虎，有翼，食人从首始，所食被发。在蜪（táo）犬北。一曰从足。

——《海内北经》

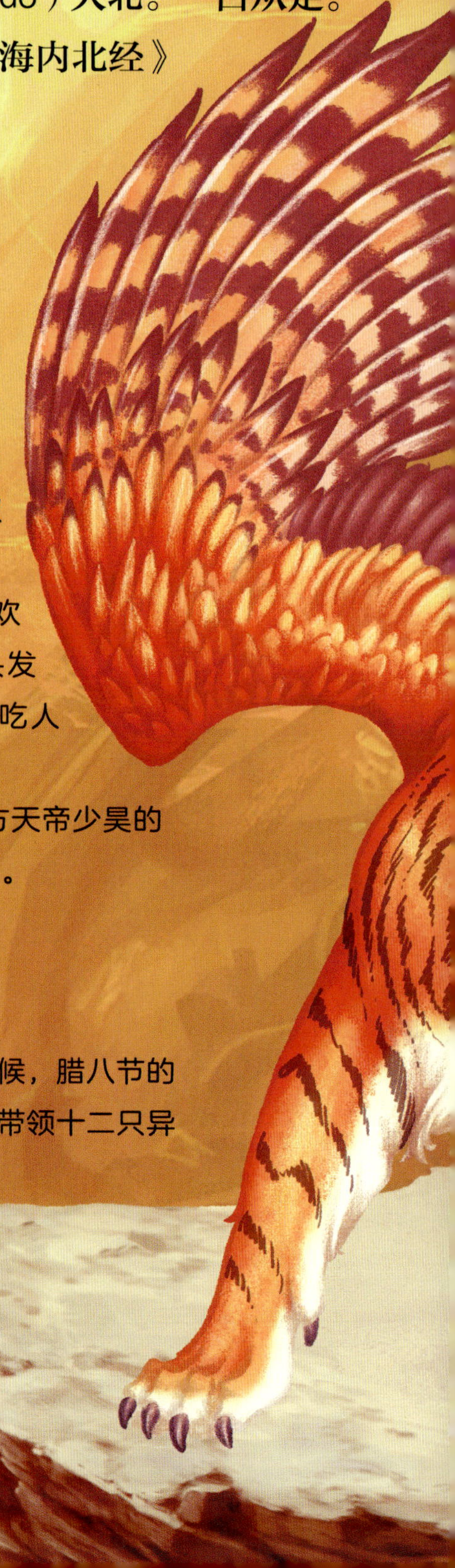

凶兽样貌

穷奇是神话传说的上古四凶兽（穷奇、饕餮、梼杌、混沌）之一。在《山海经》的记载中，穷奇的样貌大致有两种：生活在邽山的长得像牛，全身披着如刺猬毛的尖刺；另一种栖息在蜪犬北的长得像老虎，背生双翅。不管是哪种形象，它们都性情凶猛，喜欢吃人，被它吃掉的人头发都披散着，也有说它吃人先从脚开始。

《左传》中记载说，西方天帝少昊的不肖儿子被人们称为“穷奇”。

驱除妖邪

穷奇虽然被贴上了凶兽的标签，但偶尔也有做好事的时候。古时候，腊八节的前一天，宫廷里要举行一次隆重的驱逐疫鬼妖邪的仪式。驱疫大神会带领十二只异兽游行，穷奇就在队列之中。它和一只叫藤根的异兽负责吃掉所有害人的蛊（古代用毒虫制成的毒药）。此事在《后汉书·礼仪志》中就有记载。另外，晋代文学家郭璞在给《山海经》作注时，也曾指出穷奇有驱除妖邪的行为，号为“神狗”。

惩善扬恶

汉时《神异经》中说，穷奇碰到忠厚诚信之人，就会吃掉；遇到作恶多端之人，却会捕杀猎物馈赠对方，典型的好坏颠倒、奖恶惩善。南宋高似孙《纬略》中说，穷奇能听懂人语，听到有人争斗，会去帮没有道理的一方。周文王外出打猎时曾捕获过一头穷奇。

异兽档案

姓名 穷奇

籍贯 邽山

颜值特征 如牛，全身尖刺；如虎，有翅膀

特异功能 叫声如獆狗

出现国境 中国

穷奇之“穷”来自哪里？

上古神话中，整个人间分为五方，各有一方天帝主宰，而西方天帝就是穷奇的父亲少昊。西方有一棵长了无数年的大桑树，每隔一万年才会结一次果实。人只要吃了一枚桑果，就能长生不死。这棵桑树名为穷桑，因此少昊也被称为穷桑氏。

三青鸟

又西二百二十里，曰三危之山，三青鸟居之。

——《西山经》

西王母梯几而戴胜、杖。其南有三青鸟，为西王母取食。

——《海内北经》

有三青鸟，赤首黑目，一名曰大鵹（lí），一名小鵹，一名曰青鸟。

——《大荒西经》

异兽档案

姓名	三青鸟（青鸟）
籍贯	三危山
颜值特征	有三足
特异功能	传信
出现国境	中国
综合等级	★★★

西王母的传信使者

三青鸟，相传原是西王母座下的三只神鸟，头上长着红色的羽毛，眼珠漆黑，有三只足。它们平时居住在三危山上，职责是为西王母取食，一只叫大鵹，一只叫小鵹，还有一只叫青鸟。后来，三青鸟慢慢地简称“青鸟”，成为西王母传信的专职使者。每当西王母要降临人间，或要召见谁，总有青鸟前来报信。相传，大禹治水成功后，就曾得到青鸟引见，拜见了西王母。

人间传递幸福的信使

传说，青鸟还是凤凰的前身，不仅为西王母传信，在人间也逐渐被奉为传递幸福、传递爱情的吉祥信使。古人认为，海外有蓬莱仙山，山上住着仙人，但凡人找不到去蓬莱的路，只能靠青鸟来传信。比如唐朝诗人李商隐就曾写“蓬山此去无多路，青鸟殷勤为探看”，南唐中主李璟也曾写“青鸟不传云外信，丁香空结雨中愁”。可见，在古人心中，青鸟是传递佳音的使者。

駮

又西三百里，曰中曲之山。……有兽焉，其状如马，而白身黑尾，一角，虎牙爪，音如鼓音，其名曰駮（bó），是食虎豹，可以御兵。

——《西山经》

异兽档案

姓名 駮

籍贯 中曲山

颜值特征 头上一角

特异功能 声音如鼓，能吃虎豹

出现国境 中国

威风凛凛的独角兽

在西方神话里有一种独角兽，外形像马，额前有一个螺旋角，象征着高贵和纯洁。同样，在我们中国的《山海经》里，也记载着这样一种独角兽，它就是駮。駮的外形像马，身子是白色的，尾巴是黑色的，头上生着一个长角。长着老虎的牙齿和爪子，叫起来声音震耳欲聋，就如擂鼓一样。

驱逐虎豹的兽中之英

駮居住在中曲山，能吃老虎和豹子，养它可以避免兵刃之祸。据《管子·小问》中讲，有一次齐桓公骑马到郊外巡游时迎面遇到一头老虎，桓公打算绕路而行，不料老虎见了桓公的坐骑，吓得趴在地上，动也不敢动。齐桓公等人安然从老虎身边飞驰而过，他很奇怪，便问谋士管仲是怎么回事。管仲说，齐桓公骑着马迎着太阳跑，老虎以为他骑的是駮，害怕，自然不敢上前。

狰

又西二百八十里，曰章莪之山，无草木，多瑶碧。所为甚怪。有兽焉，其状如赤豹，五尾一角，其音如击石，其名如狰。

——《西山经》

在寸草不生亦不长树木的章莪山上，多的是瑶、碧一类的美玉。这样奇怪的山上自然也少不了怪兽、神鸟出没，除了毕方，还有狰。狰是一只长得像豹子的怪兽，但头部生出一只角来，尾巴也与众不同，有五条。它全身是赤红色，叫声铿锵有力，犹如击打石头一般。

异兽档案

姓名	狰
籍贯	章莪山
颜值特征	五尾一角
特异功能	叫声如击打石头
出现国境	中国

饕餮

又北三百五十里，曰钩吾之山，其上多玉，其下多铜。有兽焉，其状如羊身人面，其目在腋下，虎齿人爪，其音如婴儿，名曰狍鸮（páoxiāo），是食人。

——《北山经》

贪吃化身

居住在钩吾山上的狍鸮是四大凶兽中名气最大的一个，是一种吃人的怪兽，我们更熟悉它的另一个名字：饕餮。它长着羊的身子、人的脸，眼睛长在腋窝下，长着老虎的牙齿和类人的爪子。但在后来的衍化中，饕餮的形象渐渐只剩下了头部。这是因为它实在太贪吃了，只要双眼能看到的，全都吞入口中，到最后竟连自己的四肢和身躯也吃掉了，只剩下一个巨大的吓人的头颅。至今，说起饕餮，人们第一时间想起的词就是“贪吃”。

异兽档案

姓名 饕餮

籍贯 钩吾山

颜值特征 只有头部

特异功能 极度贪吃

出现国境 中国

战神蚩尤的化身

关于饕餮的来历，有多种说法，有说是龙的九子之一，有说是缙云氏（一个古老的氏族，传说是炎帝后裔）的子孙。其中最有名的说法，则为蚩尤（上古时期九黎部落的首领）的化身。宋罗泌《路史》中记载，蚩尤战败身死后，黄帝担心他死后仍会作乱，便将他的头颅和身体分开镇压。果不其然，死后的蚩尤怨气冲天，不甘失败，即使身首异处，头颅仍化成狰狞巨兽，就是饕餮。饕餮眼睛后面有一对肉翅，据说就是蚩尤背上的双翅。

刻在青铜器上的图腾

饕餮是商周时期青铜器上的常见形象，描绘时最突出的就是眼睛。一些历史学家认为，饕餮的眼睛代表天之眼，属于太阳神，饕餮就是某种图腾的象征。商周以后，凡是铜器上有首无身的、面目狰狞的兽面纹饰都被归为饕餮一类。渐渐地，饕餮不再只代表“贪吃”，也增加了驱邪避祸的功能。

蚩尤是什么人物?

蚩尤是九黎部落的首领，居住在黄河流域中下游地区及长江流域一带。传说他曾带领先民开垦农田、冶炼铜铁、创造百艺等，为中华早期文明的形成做出了贡献。后来，蚩尤与黄帝在涿鹿展开激战。正是这一场大战之后，华夏民族的融合发展才开启了新篇章。蚩尤虽然战败，但功绩不可磨灭，仍被奉为一代战神。

烛阴

钟山之神，名曰烛阴，视为昼，瞑为夜。吹为冬，呼为夏。不饮，不食，不息，息为风，身长千里。在无肾（qǐ）之东。其为物，人面，蛇身，赤色，居钟山下。

——《海外北经》

西北海之外，赤水之北，有章尾山。有神，人面蛇身而赤，直目正乘，其瞑乃晦，其视乃明，不食，不寝，不息，风雨是谒。是烛九阴，是谓烛龙。

——《大荒北经》

盘古所化的创世之神

钟山之神烛阴的神通非常广大，它睁开眼睛便是白昼，闭上眼睛就是黑夜，一吹气整个世界便是寒冬，一呼气人间又变成炎夏。更厉害的是，它平时不吃不喝，也不休息，吐出的气都化成了风，放出的光照耀大地。它长着人的脸，蛇的身子，全身赤红，身体竟有一千里那么长。

烛阴住在钟山脚下，也有人说它住在西北方大海之外、赤水河北岸的章尾山上，因为它有开天辟地的能力，所以古人认为它为盘古所化，是创世之神。

产生日夜的太阳

烛阴（烛龙）的传说，更多来自远古先民对自然的崇拜。烛阴睁眼就是白昼，闭眼就是黑夜，这跟天上东升西落的太阳比较相像。所以，除了认为烛阴是盘古，还有不少人认为它就是天上能产生日夜交替变化的太阳。此外，因为烛阴身长千里，蜿蜒如蛇，呼吸吐纳与时序相关，还有人认为它是天上的苍龙星象。

火山锥和北极光

近年来，随着科考的发展，人们发现烛阴的神话传说跟火山喷发的自然奇观十分相像：像火烛一样燃烧成一条巨龙，时而浓烟蔽天如黑夜，时而光照大地如白昼。而且，人们在传说中烛阴曾居住的大致方位（今山西大同市东）发现了二十多个火山锥，这些火山锥在远古时期也有可能喷发过。此外，还有学者认为烛阴是古人眼中的北极光。因为也有记载说，烛阴居住在北方寒山，很可能就是北极圈内，看到北极光的人们就用想象创造了烛阴的神话传说。

异兽档案

姓名	烛阴（烛龙）
籍贯	钟山、章尾山
颜值特征	人面蛇身，长千里
特异功能	睁眼为昼，闭眼为夜
出现国境	中国

烛阴与“烛”有关系吗？

东汉学者高诱在《淮南子注》中说烛阴口中含烛火，两晋时期的郭璞也在《山海经图赞》中说“龙衔火精”。可见，烛阴在历代传说中，是有“含火烛”这一特征的。至于今人说尧舜时期，人们猎杀烛阴，炼制油膏，做成蜡烛照明，这只是个人杜撰，没有历史记载可考。

应龙

大荒东北隅中，有山名曰凶犁土丘。应龙处南极，杀蚩尤与夸父，不得复上。故下数旱，旱而为应龙之状，乃得大雨。

——《大荒东经》

蚩尤作兵伐黄帝，黄帝乃令应龙攻之冀州之野。应龙蓄水，蚩尤请风伯、雨师，纵大风雨。

——《大荒北经》

助黄帝战胜蚩尤

应龙是传说中的龙祖，带有一双翅膀，历经数千年，也叫黄龙。相传，在黄帝时期，应龙是黄帝身边的大将。它擅长蓄水，在与蚩尤部落的大战中，应龙在长江上游发大水，将蚩尤部落淹得一塌糊涂。后来，它帮助黄帝杀了蚩尤和夸父（夸父族，蚩尤的帮手），在华夏统一的战争中立下了赫赫功绩。

异兽档案

姓名	应龙
籍贯	凶犁土丘
颜值特征	一双翅膀
特异功能	蓄水
出现国境	中国

助大禹成功治水

应龙斩杀了蚩尤和夸父后，耗尽了神力，再也没有力气飞回天上，只好蛰居在大荒东北角凶犁土丘山的最南端。舜帝时期，华夏大地到处发洪水，大禹接受了治水的任务。恢复了神力的应龙，帮助大禹勘察水脉，用尾巴在地上划出一条条河道，将洪水引向大海，成功使洪水得到治理。

在人间兴云布雨

在古代神话传说中，龙族一直统领着水族，掌管着人间的兴云布雨。《新唐书》中记载，应龙飞翔时，云气烟雾随之腾涌。因此，人们认为应龙掌控着人间的风调雨顺，是沟渠河川之神，也是天龙之神。因此，遇到干旱天气时，古人也会扮成应龙的样子求雨。

应龙 有父母子女吗?

按《淮南子》中的记载，应龙的父母是毛犊（dú）和羽嘉。毛犊是传说中兽类的祖先，而羽嘉则是传说中飞行类动物的祖先。应龙所生的子女，则是建马和凤凰。《述异记》中说，蛟千年化为龙，龙修炼五百年成为角龙，角龙再修炼一千年才能成为应龙。

夔

东海中有流波山，入海七千里。其上有兽，状如牛，苍身而无角，一足，出入水则必风雨，其光如日月，其声如雷，其名曰夔（kuí）。

——《大荒东经》

异兽档案

姓名	夔
籍贯	流波山
颜值特征	一只蹄子
特异功能	召唤风雨，吼声如雷
出现国境	中国

呼风唤雨，吼叫如雷

夔，外形像牛，住在东海中的流波山上，离海岸有七千里。它全身的毛皮呈青苍色，头上没有犄角，只有一只蹄子，每次出水或入水时都会伴随大风大雨，并会发出如同日月一般的光芒。它的吼叫声就像打雷一样。

制成夔鼓，威吓蚩尤

黄帝曾捕捉到夔，用它的皮做成了战鼓的鼓面，再用雷兽的骨头当鼓槌来敲击，战鼓的声音能传到五百里之外，天下都感受到了黄帝的威严。当黄帝与蚩尤在涿鹿大战时，黄帝一度落于下风。古籍《黄帝内传》中说，黄帝伐蚩尤时，玄女为黄帝制作了八十面夔牛鼓，鼓响“一震五百里，连震三千八百里”。

青铜器上的常客

在商周时期的青铜器上，常刻有夔牛纹，形象多为张口、卷尾的长条形，以直线为主，弧线为辅，古朴大方。可见，夔在古人心中有着很高的地位。《说文解字》中说夔像龙一样，只有一足，所以宋代以后，青铜器上类似爬虫且只有一足的动物形象，也被人们称为“夔龙纹”。

《丹山凤》
丹山五色凤，千岁或一鸣。
来见君子国，见则时文明。
自从鸣岐后，野鸟袭为名。
凤兮德久衰，短歌空复情。
——元·杨维桢
山海经

羽民国

羽民国在其东南，其为人长头，身生羽。一曰在比翼鸟东南，其为人长颊。

——《海外南经》

有羽民之国，其民皆生毛羽。

——《大荒南经》

在《山海经》的世界里，青羽红尾的灭蒙鸟是个独特的存在，很多国家的位置都以它为地理参考。如结匈国在其西南，三首国在其东，厌火国在其南等，它的东南方就是羽民国。

羽民国的国民大概跟鸟族是近亲，他们全身也都长满羽毛，还有一对大大的翅膀。白色的头发，红色的眼睛，长长的脑袋，还有和鸟喙一样的嘴巴。更离奇的是，他们不是从母亲的肚子里生出来的，而和鸟儿们一样，

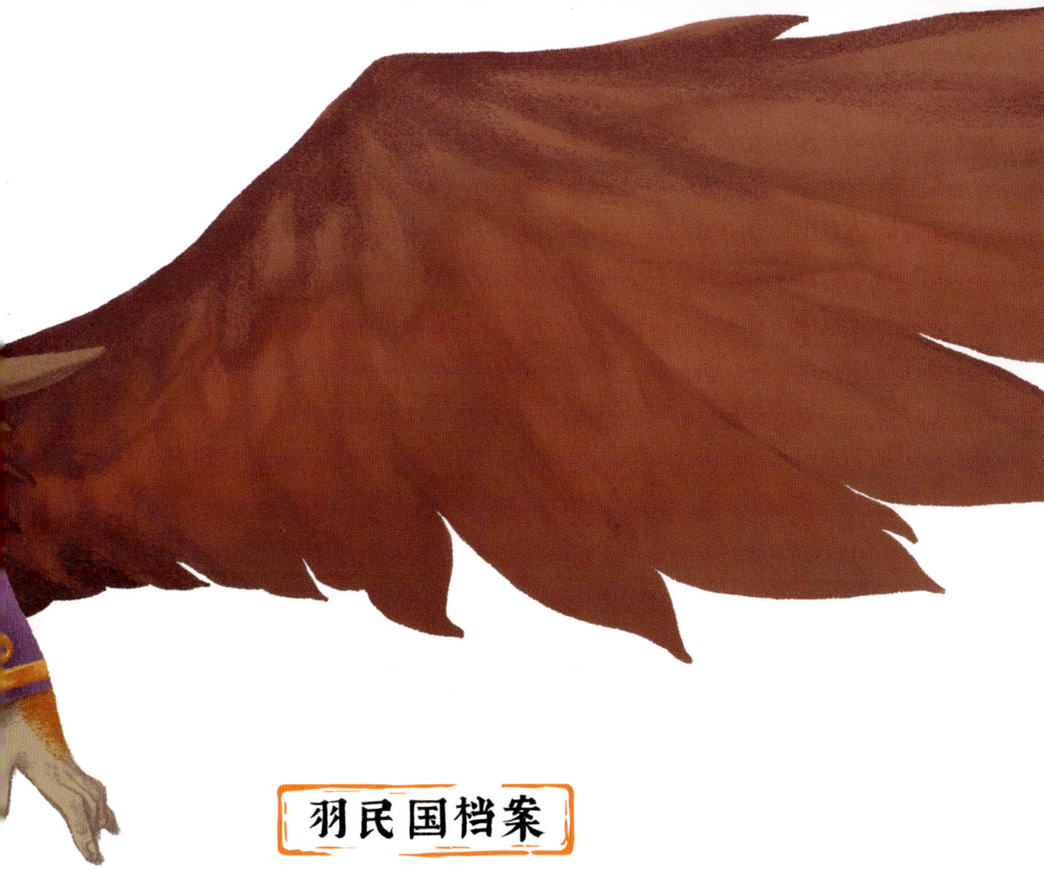

羽民国档案

国址 灭蒙鸟的东南

国民形貌 全身长羽毛，鸟嘴，有翅膀

特殊技能 会飞

出生方式 卵生

邻居 灭蒙鸟、比翼鸟、二八神、毕方

是从蛋里孵出来的。

因为背生双翅，羽民国的人实现了会飞的梦想，不过他们不能飞得很远，飞出一段距离就得停下来休息。羽民国人的一日三餐是生活在这里的鸾鸟的蛋，吃多了，每个人周围总环绕着仙气，看上去仙气飘飘的。古时候，人们常把翅膀、羽毛与神仙联系在一起，因此有“羽化成仙”之说。所以，羽民国的人常被想象成不死的仙人。

不过，也有人认为，羽民国只是一个以鸟为图腾的远古部落。这个部落里的人只是喜欢戴鸟喙形的面具，绑着鸟儿一样的双翅行走，时间长了，就有了极具想象力的传说。

羽民国的邻居，可都不平凡，除灭蒙鸟外，比翼鸟、毕方鸟、二八神等，个个都是传说中鼎鼎大名的神鸟或神仙。

毕方

传说中的神鸟。样子像鹤，只有一只脚，青色的身子，红色的羽毛。传说它是天帝的童子，走到哪里，哪里就会出现怪火。后来，它就成为火灾的象征。

灭蒙鸟

传说中的神鸟，秦人的祖先。《史记·秦本纪》中说颛顼帝的孙女女脩吞吃了一个玄鸟蛋，生了儿子大业，大业又有了儿子大费，大费又有了儿子大廉，大廉的后世子孙就是灭蒙鸟的国民。

讙头国

讙（huān）头国在其南，其为人人面有翼，鸟喙，方捕鱼。一曰在毕方东。或曰讙朱国。

——《海外南经》

大荒之中，有人名曰驩（huān）头。鲧妻士敬，士敬子曰炎融，生驩头。驩头人面鸟喙，有翼，食海中鱼，杖翼而行。维宜芑苣，穋杨是食。有驩头之国。

——《大荒南经》

讙头国档案

地点 灭蒙鸟的南面

国民形貌 鸟嘴，背生双翅

特殊技能 捕鱼

相关传说 丹朱投海、三苗叛乱

邻居 灭蒙鸟、厌火国

尧

上古时期部落联盟首领。相传，他是帝喾（kù，黄帝曾孙，五帝之一）的儿子，15岁便辅佐兄长帝挚，20岁继承了首领之位，在位70年，使百姓安居乐业。据说，他为了教育儿子丹朱，发明了围棋。

丹朱

尧的大儿子，因出生时全身红彤彤的而取名朱。他联合三苗叛乱失败后，子孙迁移到河南、河北、湖北等地。他虽然被父亲尧认为不成器，但据说棋艺很高超，是中华第一棋圣。

三苗

上古部落，也叫有苗。关于三苗最有名的记载，就是这个部落曾联合丹朱叛乱，后来大禹也曾征伐过三苗。

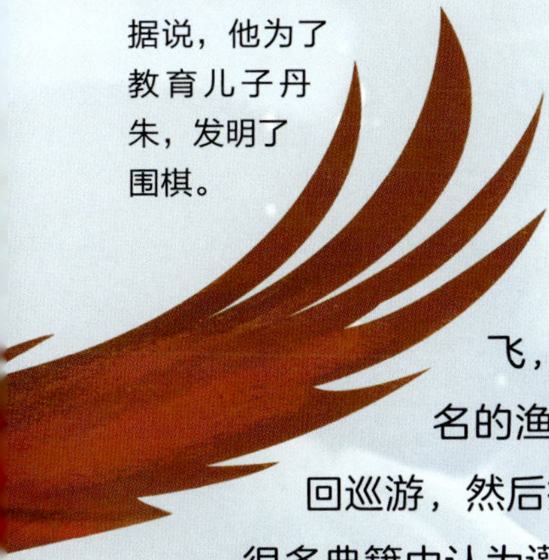

在灭蒙鸟的南面，存在着一个讙头国。那里的人和羽民国的人差不多，也长着一对翅膀和一张类似鸟喙的尖嘴巴。不同的是，讙头国的人可不会飞，他们的翅膀用作拐杖，而他们的长嘴巴是用来捕鱼的。他们可是当地有名的渔夫。讙头国的邻居们经常会看到成群结队的讙头国人，扶着翅膀在海边来回巡游，然后找准机会用长嘴巴捕食鱼虾，场面相当壮观。

很多典籍中认为讙头国就是讙朱国，也叫丹朱国。丹朱是传说中的圣贤君主尧的儿子。史书称尧的这个儿子不太成器，尧年老的时候，不放心把天下交给他，就决定把帝位禅让给有才能的舜。不满的丹朱联合三苗部落发动了几次叛乱，最终还是被舜打败了。失败的丹朱带领少数人马落荒而逃，一路逃到了南海。面对茫茫的大海，丹朱心情很不好，觉得没脸再活在世上，就跳进大海自杀了。死后，他的魂灵变成了一只鸟，名字叫作𫛛（zhū）鸟。丹朱的子孙聚居在南海附近，渐渐就形成了讙头国。

𫛛鸟

传说中丹朱兵败自杀后变成的鸟。长得像猫头鹰，脚爪则像人的手，叫声很难听。相传它出现在哪里，哪里就会有贤明之人遭到流放，因此被视为不祥之鸟。

厌火国

厌火国在其国南，兽身黑色。生火出其口中。一曰在讙朱东。

——《海外南经》

在上古传说中，有一种人或者说是一种人兽，长得与猕猴相似，全身都披着黑色的毛发，他们就是厌火国人，所在的国家就叫厌火国。他们有一种超级技能，那就是吐火。没错，就像我们看到的演员“吐火”特技表演一样，特别惊人。

厌火中的“厌”字，在这里可不是讨厌的意思，而是代表满足，就是说这里的人天生喜欢火，喜欢到一种贪婪的地步。厌火国的人为什么会喷火呢？这是因为他们每天吃的不是五谷杂粮，而是火炭，所以呼

厌火国档案

地点 灭蒙鸟的南面

国民形貌 像猿猴，全身披黑色毛发

特殊技能 吐火

食物 火炭

邻居 祸斗、三珠树、三苗国

出的气都能变成火焰。正因为木炭是他们的食粮，厌火国的家庭妇女们每天的主要工作就是制作木炭，然后供家人三餐享用。男人们则要上山砍柴，为制作木炭准备必需的原材料。

《本草集解》中说，和厌火国人一起居住的还有一种食火兽，叫祸斗。祸斗也能吞火喷火，却不讲卫生，随地拉尿，大小便不处理就会引起火灾。因此，古时候人们将祸斗看作是火灾和不祥的象征。

不过，也有传说祸斗因为自己的特殊技能，被选为雷神的助手。雷神巡游大地的时候，祸斗也跟在后面。若是看到哪里着了大火，它们便上去大吃一顿。而闲来无事的时候，祸斗们就聚居在南方的厌火国，这大概也是厌火国名字的来历之一吧。

祸斗

传说中的食火兽，外形像狗。祸斗会吞食火焰，也会喷火，连粪便都带火，被认为是带来火灾的妖兽。也有人认为，祸斗实际是在传说中被妖魔化的南方某个少数民族部落。

三珠树

生长在赤水河岸边，厌火国的北面。它们的外形跟普通的松柏差不多，但叶子都是珍珠，异常华美。因为这种树长得非同凡响，所以也被后世人用来形容那些非常优秀的人才。

三苗国

在赤水河的东面，三苗部落被舜战败后，族人结伴而行不断南迁，故《山海经》中说“其为人相随”，后被人讹传为后一人跟着前一人脚步而行。

贯匈国

贯匈国在其东，其为人匈有窍。一曰在䵷(zhì)国东。

——《海外南经》

贯匈国档案

地点	灭蒙鸟的东面
国民形貌	胸口有大洞
特殊技能	竹杠穿胸就能抬着走
祖先	防风氏
邻居	交胫国、䵷国

胸口穿了个大洞，人还活得好好的，听起来就像在吹牛。在灭蒙鸟的东面就存在一个这样神奇的国家——贯匈国。那里的人生来胸膛就有一个大洞，风儿可以从他们的胸口自由穿过，也称穿胸国。

在《山海经》的世界里，大凡神奇的民族都有来历。《括地图》中记载，大禹治水的时候，曾在会稽山召集各路诸侯（或说各路神仙），一位叫作防风氏的部落首领来晚了，大禹为树立威信，就将他杀了。后来，大禹巡游到南方，防风氏的后人看到大禹，便张弓搭箭射他，要为先祖报仇。大禹有神龙保护，刺杀自然是失败了，防风氏的后人自知犯了大错，就用尖刀扎向自己的心脏，穿心而死。大禹知道这件事后，感念他有情有义，便让人用不死草塞住他的胸口，将他救活了。这个人死而复活，但胸口的大洞留了下来。他的子孙们生来也是这个模样，并渐渐聚集在海外，形成了贯匈国。

因为胸口这个大洞，贯匈国人生活变得方便起来。富人们出门都不用坐轿，把上衣一脱，用一根竹杠从洞穿过去，当胸一抬，就能当轿子抬着走了。还有，母亲用一根绳子把孩子绑到自己胸前，就带着出门了，绝对丢不了。

会稽山

上古名山，又叫茅山或亩山，位于今天的浙江中部。在古代九大名山中排行老大，曾是古代帝王加封祭祀的地方。相传，大禹曾在这里大会诸侯，死后也葬在这里。如今，会稽山还有著名的大禹陵。

防风氏

防风部落的首领，属巨人族，相传有三丈三尺高。因为他带领部落生活在一片沼泽地，成为后世“汪姓”的始祖。防风氏善于治水，曾是大禹治水的得力助手，也帮助大禹建立过法典。他的死被认为是大禹欲立威而故意为之。

臷国

在灭蒙鸟的东面，也是贯匈国的邻居。相传，臷国国民是舜的后裔，擅长用弓箭射蛇，他们生活安乐，衣食富足。国内常有鸾凤飞舞，百兽和平相处，是一片世外桃源。

交胫国

交胫国在其东，其为人交胫。一曰在穿匈东。

——《海外南经》

交胫国档案

地点 灭蒙鸟的东面

国民形貌 双腿交叉

国民缺点 摔倒后爬不起来

相关地名 交趾郡（交州）

邻居 贯匈国、不死民、反舌国

不死民

居住在灭蒙鸟的东面。他们皮肤较黑，所住的山上有长生不死树，山下有长生不死泉——赤泉，人们吃了树上的果子或者喝了泉水，都可以获得长生。

反舌国

位于灭蒙鸟的东面，交胫国的邻居。这个国家的人的舌头是倒着长的，舌根在外面，舌尖反伸向喉咙里面。因此，他们有一套特殊的语言，别的国家的人都听不懂。

在灭蒙鸟的东面，还有一个神奇的国家，叫作交胫国。胫，是指小腿；交胫，也就是小腿交叉。交胫国的人生下来就双腿交叉，缠在一起。这个国家的人个子都不高，也就四尺左右，相当于现在的一米多点。交胫国的人之所以能够双腿交叉，是因为足骨没有骨节。但这个姿势走路时要格外小心，一旦摔倒可就很难爬起来，必须有人过来搀扶才行。如果交胫国的国民不小心摔倒了，身边又没人的话，有可能几天都无法起身，被冻死、饿死的事也会发生。

晋代学者郭璞在《水经注》中认为交胫国就是交趾国（今越南北部），秦时为象郡一部分，西汉为交趾郡，五代时独立。有文献指出，“交趾”其实是指生活在这里的腿部畸形之人，也就是我们现在俗称的“罗圈腿”。

《后汉书·南蛮西南夷列传》中对“交趾”的解释认为，只是南方不同于中原有男女同川而浴的一种民俗。亦有文献指出，交胫就是盘腿打坐的姿势，交胫国的国民大概都爱盘着腿坐，以讹传讹久了，就变成走路也小腿交叉了。

周饶国

周饶国在其东，其为人短小，冠带。一曰焦饶国在三首东。

——《海外南经》

灭蒙鸟的东面是昆仑高山的山基，这里的郊外曾是羿和凿齿大战的地方。在这周围有两个奇国，一个是国民长了三个脑袋的三首国，一个是叫周饶国（也叫焦侥国）的小人国。

周饶国的人长三尺（不到一米），个头不高，不建房屋，都住在山洞里。虽然身高不行，但他们对穿着很讲究，一个个儿都帽冠齐整，系着腰带，看起来文质彬彬，颇有气度。如此看来，那里的服装制造业应该比较发达。周饶国人手巧，不仅热衷于做衣服，更热衷于做各种各样的器物。没事的时候，他们就坐在山洞里打磨一件件器具。他们生性聪慧，个个都是手工达人，做出来的器物件件精巧细致、精妙绝伦，就像艺术品。

除此之外，周饶国人也耕田种地，辛勤种五谷来满足生活所需。由此可见，他们过着自给自足的富有生活。

小人国在《山海经》里并不少见，周饶国只是其中之一，西方也流传有不少关于“矮人族”的传说。那世界上是否真的存在个头特别矮小的族群呢？21世纪初，考古学家在印尼一个小岛的石灰石岩洞中发现了不少骨骼化石。据研究，他们身高仅有1米左右，脑袋很小，是岛上的居民。人类学家把他们看成新人种，称之为“弗洛里斯人”。

周饶国档案

地点 灭蒙鸟的东面

国民形貌 身材矮小，穿着讲究

特殊技能 制造精巧器物、耕田种地

居住地 山洞

邻居 凿齿、三首国

凿齿

传说中的恶兽，居住在周饶国附近的畴华之野。它长着怪兽的头，巨牙像大凿子一样，连金石都能凿穿，所以叫凿齿。凿齿为祸一方，后来被羿所杀。

长臂国

长臂国在其东，捕鱼水中，两手各操一鱼。一曰在焦侥东，捕鱼海中。

——《海外南经》

在古代，手长过膝的人会被认为具帝王之相，如汉昭烈帝刘备、晋武帝司马炎等，都曾被描述为手臂长度超过了膝盖。手长过膝已经不是一般人了，那手长得能拄到地上会怎么样呢？

在海外世界，就有这么一个长臂国，国民们个个手臂超长，不但能伸到地上，绕身三匝也没问题。普通人要够树顶处的树叶得爬树或者登梯子，长臂国人只需伸伸手就可以了。依靠这种长手臂，长臂国人都成了捕鱼能手，他们站在河边或海边，腰都不用弯，钓竿也不用，直接伸手就能抓到水里的鱼。

长臂国档案

地点 灭蒙鸟的东面

国民形貌 手臂有三丈长

特殊技能 捕鱼不用弯腰

居住地 山洞

邻居 三足乌、视肉

长股国档案

地点 雄常树的北面

国民形貌 赤裸上身，腿长三丈

特殊技能 捕鱼

邻居 西方之神蓐收

长股国

长股之国在雄常北，被发。一曰长脚。

——《海外西经》

北宋陆佃《增修埤雅广要》中说长臂国和长股国相邻，披散着头发的长股国人也擅长捕鱼。他们身体的其他部位和普通人一样，只是腿长无比，可达三丈，就像踩着高跷。郭璞注说，长股国人常背着长臂国人入海捕鱼，他们都不用乘船，就能轻松抓到海里的鱼，衣服还不会被海水打湿。

蓐（rù）收

传说中的西方之神，掌管着西方万千里的地域。人面虎爪，左耳盘踞着一条蛇，驾两龙，坐镇泑山，威风凛凛。他也是司秋之神，掌管秋季的各项事宜。

视肉

传说中的怪兽，住在狄山。相传，它外形像牛肝，上面有两只眼睛。它的肉不仅能吃，而且能自动生长。

奇肱国

奇（jī）肱之国在其北。其人一臂三目，有阴有阳，乘文马。有鸟焉，两头，赤黄色，在其旁。

——《海外西经》

奇肱国档案

地点　一臂国的北边

国民形貌　独臂，有三只眼（分阴阳）

特殊技能　会制造飞车等精巧机械

坐骑和宠物　吉量马、双头怪鸟

邻居　三身国、一臂国、刑天

据《山海经》记载，夏朝君主夏启曾在大乐野举行歌舞。而大乐野的北边，存在着一个奇肱国。奇肱国的人只有一条手臂，脸上却像二郎神一样，长着三只眼。这三只眼睛分阴阳，下面的两只眼睛是阳眼，上面的第三只眼睛是阴眼。他们出行骑吉量马。

因为只有一条手臂，干活不那么灵便，奇肱国的人特别珍惜时间，忙起来经常日夜不停。他们擅长制造各种精巧的器械，尤其是制造飞车。传说中，大禹治水期间路过奇肱国，就曾被空中的飞车所吸引。西晋张华《博物志·外国》中记载，商汤时曾有奇肱国人乘坐飞车飞行时，被大风吹到了豫州一带。汤王让人破坏了他们的飞车，还藏了起来。但这并不能难倒奇肱国人，他们等待时机，又制造出新的飞车，等大风刮起时，他们便乘风飞回了自己的国家。

与奇肱国人一起生活的还有一种怪鸟，它们有两个脑袋，身上是红黄相间的羽毛。奇肱国人也经常用自己制造的捕鸟器来捕捉这些鸟儿，拿它们做食物，或者养着当宠物。

三身国

在大乐野的北边，三身国人都是一个脑袋、三个身子。相传，他们是天帝帝俊的后代，都姓姚，每天以黍为食，身边常有四只鸟陪伴。

一臂国

奇肱国的邻国，位于三身国的北边。这里的人都是一条胳膊、一条腿、半个身子、一目一鼻，简单来说是普通人的一半，只有两个人肩并肩连在一起才能正常行走，所以他们也叫比肩民或者半体人。

丈夫国

丈夫国在维鸟北，其为人衣冠带剑。

——《海外西经》

丈夫国档案

地点 维鸟的北边

国民形貌 全是男子，身佩宝剑，注重仪表

特殊技能 从身体里分离出儿子

邻居 维鸟、女丑

我们都知道，《西游记》里有一个女儿国，那里的人从国王到平民全是女子，一个男性也没有。《山海经》不但记载了这样一个女儿国，还描述了一个全是男性的丈夫国。

先来说说丈夫国吧。丈夫国在西边，据说距离玉门关有两万里。国内全是清一色的男子，个个都很讲究穿着，腰佩宝剑，举止优雅，他们最大的娱乐就是舞剑、斗剑。丈夫国是怎么来的呢？相传，在商朝时期，为求长生不老药，商王太戊派人到西王母那里求仙药，走到半路断了口粮，只好留在当地采野果、穿树皮，终身无妻。后来，他竟在背肋间生出了两个儿子。儿子出生后，他就死去了。就这样，他们靠自我繁育，渐渐形成了丈夫国。

女子国

女子国在巫咸北，两女子居，水周之。一曰居一门中。
——《海外西经》

女子国档案

地点 巫咸国的北边

国民形貌 全是女子

特殊技能 沐浴黄池水生子

邻居 巫咸国、并封

维鸟

青鸟和黄鸟的统称，有说指鸾鸟和鴅（dǎn）鸟。它们身上都有青黄相间的羽毛，虽然颜色漂亮，但都被认为是不祥的鸟，飞到哪个国家，哪个国家就会败亡。

位于巫咸北的女子国，四周都被水所环绕。传说国内有一眼清泉，叫黄池。这个黄池，就像《西游记》里女儿国的子母河一样，具有能让人怀孕生子的功效。女子国的女人们如果想生孩子，只要到黄池中洗个澡就能心想事成了。不过，生下来的有女孩也有男孩。可是如果是男孩，长到三岁就会自然死去，只有女孩才能长大成人。慢慢地，女子国里就都是女人，没有男人了。

关于女子国的记载在很多典籍中都有，其中最出名的就是《旧唐书》中的东女国，它是川西乃至藏地的文明古国，国内以女性为尊，最高统治者就是女王。不过后来，东女国在战争和外来文化的融合过程中逐渐消失了。

并封

传说中的怪兽，居住在女子国附近。它的外形很像猪，但前后都长着头，浑身披着黑色的毛皮。有人认为，并封是雌雄同体。

白民国

白民之国在龙鱼北，白身被发。有乘黄，其状如狐，其背上有角，乘之寿二千岁。

——《海外西经》

有白民之国。帝俊生帝鸿，帝鸿生白民，白民销姓，黍食，使四鸟：虎、豹、熊、罴（pí）。

——《大荒东经》

白民国档案

地点 沃野之北

国民形貌 皮肤雪白，披发

特殊技能 驯化虎、豹、熊、罴四兽

长生秘诀 乘黄

邻居 龙鱼

在龙鱼栖息地的北方，存在一个神奇的国度——白民国。这里的人肤色润白，冰雕玉琢，还披着一头雪白的长发，望上去跟下凡的仙人一样。不仅如此，白民国境内还生活着一种叫乘黄的神兽，它们外观像普通的狐狸，但脊背上生着犄角。它的神奇之处在于，若是有人能在乘黄背上骑一回，便能增寿两千年。这点和奇肱国的吉量马一样，能骑上此类异兽的人便会长生不老。

《大荒东经》中也提到一个白民国，国人是天帝帝俊的后代，都姓销，以黄米为食物，还拥有一项特殊技能，那就是能驯化和驱使虎、豹、熊、罴这四种野兽。很多专家考证认为，这两个白民国可能是同一个国家。也有研究者认为，白民国可能是白帝国的误传，而这位白帝很可能就是神鸟帝江。

龙鱼

一种水陆两栖的异兽，居住在白民国的南面。一种说法认为，龙鱼与普通的鲤鱼相似。一种说法认为，龙鱼是一种外形像狐狸的野兽。但无论如何，龙鱼在传说中都有大神通，神和圣人可以骑着它遨游九州。

罴

又称马熊、人熊。体型较大，是陆地上体型第二大的动物。它们有黄白色的皮毛，脖子和后肢都比较长，性情很凶猛，且力大无穷，发起怒来能拔起一棵大树。

肃慎国

肃慎之国在白民北。有树名曰雄常，先入伐帝，于此取之。

——《海外西经》

大荒之中，有山名曰不咸。有肃慎氏之国。

——《大荒北经》

肃慎国档案

地点 白民国的北面和不咸山附近

国民形貌 身裹猪皮

特殊技能 力气很大，擅长拉弓射箭

境内物产 雄常树、貂皮和赤玉

境内异兽 蜚蛭、琴虫

邻居 长股国

关于肃慎国，《山海经》中记载了两处，一处是在不咸山附近，一处就是在白民国的北面。虽然地点不同，但讲的大概是同一个国家。

《后汉书》记载古肃慎国东濒大海，南与北沃沮接，国人种五谷，用麻布。平时住在洞穴里，喜欢养猪，食其肉，用其皮做衣服。冬天时，古肃慎国人就在身上涂一层厚厚的猪油膏御寒。肃慎国境内生长着一种叫雄常的异树，能感应到王者贤明之气，具有“应德而生”的能力。如果中原地区出现贤明的君主，它们就会长出一种特殊的树皮，肃慎国的人就取这种树皮做衣服。

肃慎国的人个个都是好猎手。他们擅长制弓，弓长达四尺，力道很强，跟弩差不多。箭由楛木而制，长一尺八寸，青石为镞，上面施毒，中着即死。传说春秋时期，孔子在陈国时，有一只鹰坠落在陈侯的庭院里死了，孔子说贯穿这只鹰的白箭就来自北方肃慎氏。

后人考证，肃慎国是真实存在过的，大概在今黑龙江与乌苏里江流域一带。那里的环境适合渔猎，人们夏天在河里捕鱼，冬天则往山中打猎。而且山中还生长着桦树，桦树皮就适合用来做衣服。这些都与《山海经》中关于肃慎国的描述相吻合。

不咸山

长白山古称。长白山上很多山石白如盐，却没有盐的咸味，得名“不咸山”。古时居住在东北地区的许多少数民族如肃慎、扶余等都将长白山奉为仙山。

蜚蛭（fēizhì）

神话中一种会飞的虫子，长有四个翅膀。

琴虫

生活在肃慎国境内的一种异兽，长着野兽的脑袋，却保留着蛇的身体，是兽与蛇的结合体。

无启国

无䏿（qǐ）之国在长股东，为人无䏿。

——《海外北经》

无启国档案

地点 长股国的东面

国民形貌 没有男女之分

特殊技能 死后可复生，不生育后代

生活方式 靠呼吸空气为生

居住方式 洞居

邻居 烛阴、一目国、柔利国

推测存在 史前中亚

无启国在长股国的东面，如果说长股国奇在国人都有三丈长的大长腿，那无启国的神奇之处可远在它的邻居之上。这里的人不分男女，不进食，不生育后代。他们都住在山洞里，生活简单，平时只靠呼吸就能生活。偶尔会吃一些小鱼，或者捡拾泥土食用。

无启国人身体看上去和普通人差不多，时间到时也会死亡，却拥有一颗不老不死的心脏。死后就算埋入土中，无启国人的心脏也依然跳动，保持着鲜活的生命力，身体也不会腐烂。一百年或一百二十年后，他们就会复活，再次享受新的人生。这样看来，对无启国的人来说，死亡就像是睡了一个长长的觉，让身体充分休息了一次而已。这样周而复始，生生死死，往返延续，虽然没有后代，却可以一直人丁兴旺。

秦汉时期，人们对《山海经》里关于无启国人长生不死的记载深信不疑，甚至到了疯狂的地步，令大名鼎鼎的秦始皇和汉武帝都痴迷。不过明清时期，人们对无启国的真实性产生了怀疑，觉得长生不老只不过是一个虚无缥缈的梦。到了近代，还有研究者认为无启国人可能已经掌握了克隆技术，所以能“死”而复生。当然，这也只是一个大胆的推测罢了。

柔利国

在一目国的东面。这个国家的人只有一只手和一只脚，这有点像一臂国的人，不过他们的膝盖是反着长的，脚也是弯曲朝上的，样貌更为离奇。

一目国

无启国的邻国，在钟山的东面。相传这个国家的人脸上只长了一只眼睛，所以叫一目民。他们喜欢食黍，就是现在的黄米。

大人国

大人国在其北，为人大，坐而削船。一曰在䑏丘北。

——《海外东经》

有波谷山者，有大人之国。有大人之市，名曰大人之堂。有一大人踆（cūn）其上，张其两臂。

——《大荒东经》

有大人之国，釐（xī）姓，黍食。有大青蛇，黄头，食麈（zhǔ）。

——《大荒北经》

大人国档案

地点 狄山的北面、波谷山

国民形貌 身材高大，头发雪白

特殊技能 腾云驾雾，擅长撑船

孕育时间 36 年

邻居 天神奢比尸、小人国

推测存在 新罗与日本之间（唐朝时确定）

奢比尸

传说中的天神，住在大人国的北面。他长着人的面孔、野兽的身子，大耳朵上还穿挂着两条青蛇。他曾是黄帝身边的大臣，帮助黄帝辨别出东方，负责管理东方事务，死后成为奢比尸天神。

《山海经》中关于大人国的记载有好几处。狄山北面的大人国，国民都是身材魁梧的巨人，身高要比普通人高很多，且都擅长撑船。《博物志》中说，他们是龙的后代，要在母亲的肚子里孕育 36 年才能出生，而且一生下来便头发雪白，身材高大。这样的巨人不会走路，却可以腾云驾雾。若是需要出门，他们一翻身便进入云层，还能稳稳地落在船上，撑船远行。据说，他们都是通过挖空和削制树木来造船的。

波谷山上的大人国，国民会在山上开买卖的集市。这里的人双腿、双臂都很长，会张开双臂蹲在山头。《列子·汤问》中说，大人国的人以前身材更巨大，一步就能迈出数百里。但是后来，有个人闯进仙山，钓走了背负仙山的六只巨鳌，导致两座仙山沉入大海，山上的众仙都失去了住所。天帝知道这件事后，一生气就将大人国的国土面积变小，人也给变矮小了。即使如此，在神农时期，大人国的居民据说还有数十丈高呢。

《大荒北经》当中的大人国国民姓釐（僖），以黍为食。按《国语》记载，此姓是黄帝诸子中的一支。

《山海经》记载，上古时期的雷泽氏和夸父氏都属于巨人一族。华夏人文始祖伏羲相传就是雷泽氏的后代。相传雷泽氏的一支主要生活在今山东菏泽一带，而现在山东、东北两地的人身材都较为高大，人们不禁怀疑这也许就是巨人族存在过的痕迹。

小人国

在波谷山大人国附近，小人也叫靖人。这个国家的人身材非常矮小，身高只有 9 寸。他们平时都赤裸着上身，披着长发，跟大人国的人形成鲜明的对比。

君子国

君子国在其北，衣冠带剑，食兽，使二大虎在旁，其人好让不争。有薰华草，朝生夕死。一曰在肝榆之尸北。

——《海外东经》

君子国档案

地点 狄山之北

国民形貌 衣冠整齐，腰佩宝剑

国民品性 谦让，彬彬有礼

特别侍从 两只斑虎

境内仙草 薰华草

邻居 重重、天吴

推测存在 古朝鲜半岛

在狄山的北面，除了有大人国，还有一个君子国。古时候，人们对于君子的称呼，一是指地位高贵的人，二是指品德高尚的人。

君子国的人衣着得体，腰间佩剑，伴随在他们身边的是两只显眼的花斑大虎。作为猛虎主人的君子国人，虽然喜欢打猎，也大块儿吃肉，但全都斯文有礼，举止合仪，做事谦让，从不争强斗狠。因此，全国上下一片祥和，人人尊礼守法，互爱互助，被人称为“君子国”。

明代小说《镜花缘》里对君子国有更为详细的描述。君子国中的人们，彼此见了面都相互礼让，以他人为先。即使农民在田间地头碰上同村伙伴，也要谦让一番，让对方先走。就连集市上的买卖，都匪夷所思地谦让，

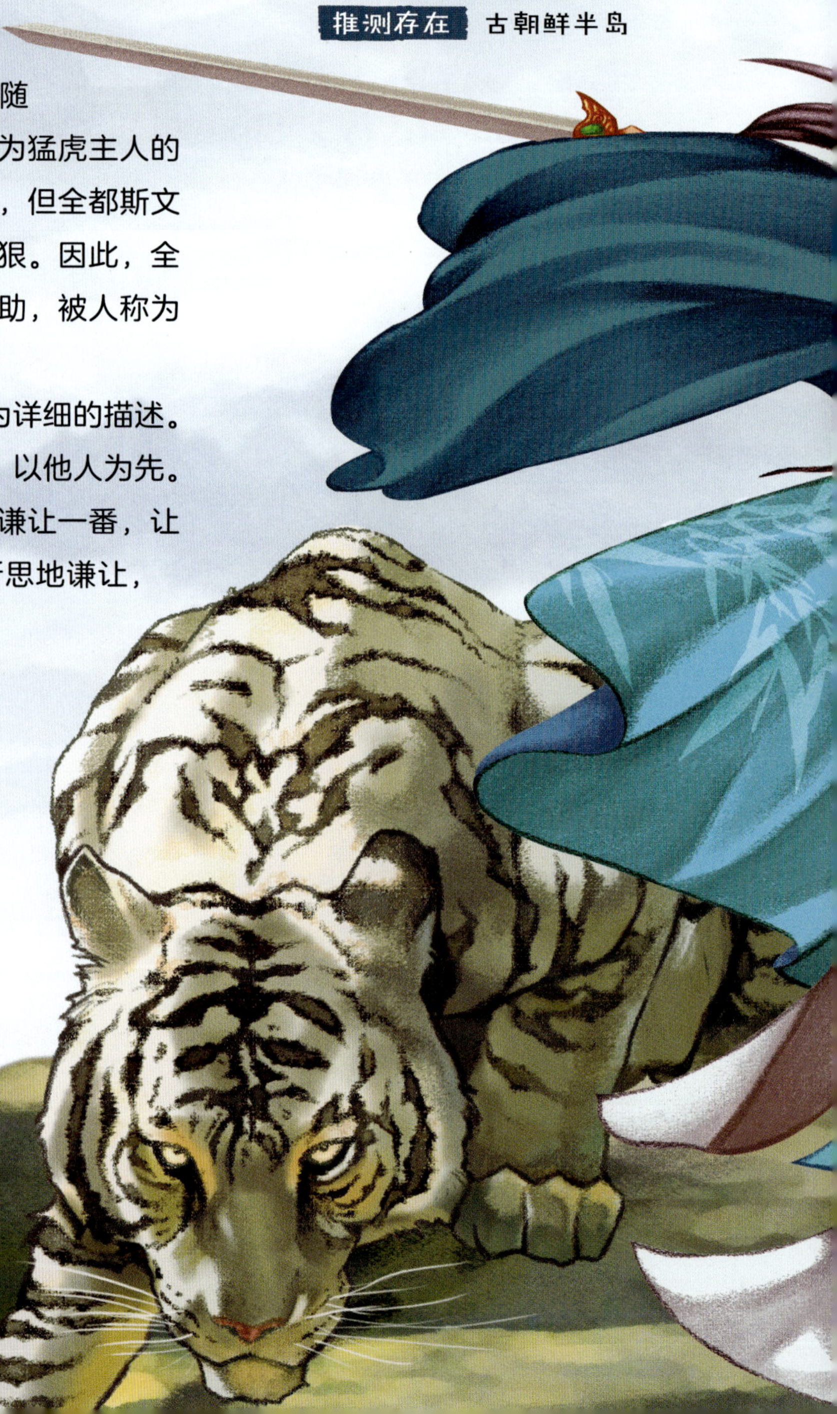

薰华草

传说中的奇异植物，生长在君子国内。相传这种草早上长出来，晚上就会死去，称“朝生夕死”。在洞庭湖地区有一种草，叫三怕草，一天之内会枯萎好几次，与薰华草有些相近。

卖方主动以低价卖出上等货，买方则要以高价收购次等货，双方都坚决不占便宜，一项交易总要花很长时间才能达成。总之，上至贵族官员，下至平头百姓，全都如此。国王甚至还颁布了法令，谁敢向王宫进献珠宝财物，就将物品销毁，进献之人也必受处罚。

依《汉书·地理志》，武王灭殷时，大臣箕子避走朝鲜，带去先进的中原文化，教当地人民礼仪，遂使得当时的朝鲜半岛成为春秋以后中原人们传说中的“君子国”。

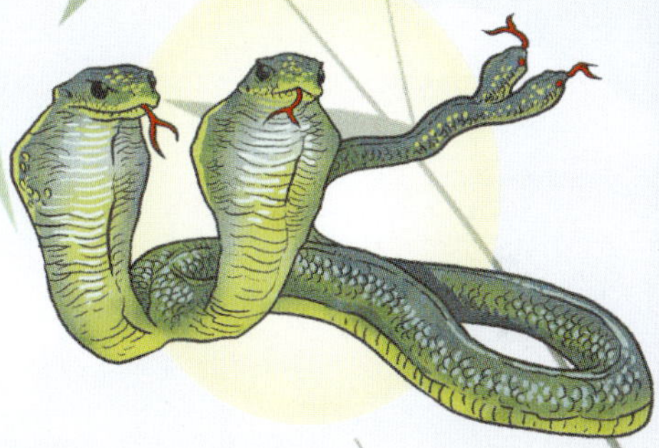

虹虹

也在狄山北面，一种双头蛇。实际上，虹虹就是彩虹。古人认为彩虹是一种有着双头而大口吸水的长虫，横跨山水，挂在天上，所以其形象就成了双头蛇。

天吴

传说中的水神，住在君子国附近朝阳之谷的河流中。他长着虎的身子、人的面孔，而且有八个脑袋、八只爪子和八条尾巴，看上去威风凛凛。据考证，天吴的形象与吴人的狩猎生活有关，可能也是吴人的祖先。

黑齿国

黑齿国在其北，为人黑，食稻啖蛇。一赤一青，在其旁。一曰：在竖亥北，为人黑首，食稻使蛇，其一蛇赤。

——《海外东经》

有黑齿之国。帝俊生黑齿，姜姓，黍食，使四鸟。

——《大荒东经》

黑齿国档案

地点 狄山的北面

国民形貌 牙齿染成黑色，身边围着红蛇和青蛇

特殊技能 能驱使蛇干活

国民食物 稻米和蛇

邻居 扶桑树、雨师妾国、玄股国

推测存在 古朝鲜半岛

狄山的北面，除大人国、君子国外，还有一个十分传奇的国家，就是黑齿国。黑齿国的人都姓姜，是上古天帝帝俊的苗裔，以黍为食，能够驱使四种野兽。他们长到一定年龄，就会用一种草的汁液将自己的牙染成漆黑的颜色。平日里，他们身边总围着一青一红两条蛇。也有一说，黑齿国在竖亥（健行人）所居之地的北面，靠稻米和蛇为生，身边常伴一条红蛇。

实际上，染黑齿的习俗并不少见。我国南方一些地区以及日本、越南、印度等东南亚、南亚国家都有过这种现象。《后汉书·东夷列传》中说黑齿国在倭国东边的裸国东南，坐船一年可到。《三国志·魏志》中亦有相同的描述。

扶桑树

传说中的神树，在黑齿国北边的汤谷中。汤谷，就是传说中十个太阳洗澡的地方，巨大的扶桑树长在汤谷的水中，树枝伸出了水面。平时，九个太阳住在下面的树枝上，需要值班升空的太阳就住在上面的树枝上。

雨师妾国

黑齿国的邻国。那里的人长得很黑，两手各握一条蛇，耳朵上还一边挂着青蛇，一边挂着红蛇。也有人说，雨师妾是一位统率蛇族的女巫，长着人的面孔、野兽的身体，操蛇和挂蛇是她作法的标志。

玄股国

黑齿国的邻国。那里的人的大腿都是黑色的，所以叫玄股国。他们都穿鱼皮做的衣服，以水鸟为食物，有两只听从驱使的鸟在他们身边。

毛民国

毛民之国在其北，为人身生毛。一曰在玄股北。

——《海外东经》

有毛民之国，依姓，食黍，使四鸟。禹生均国，均国生役采，役采生修鞈（gé），修鞈杀绰人。帝念之，潜为之国，是此毛民。

——《大荒北经》

在黑齿国附近，还有一个毛民国，毛民国的人身上有黑毛，形貌好似猪熊。他们姓依，是黄帝的后裔，身材也都比较矮小，没什么衣服穿，住在山洞里，日常吃的食物就是黄米，能驯化和驱使虎、豹、熊、罴这四种野兽。

相传，大禹的曾孙修鞈杀了一个叫绰人的人，大禹感念绰人被杀，就暗地里帮绰人的子孙后代建立了一个国家，就是毛民国。

据晋郭璞注中记载，东晋时期，吴郡司盐都尉戴逢曾在海边遇到过四个矮小、身长黑毛的人，言语不通，送丞相府途中死了三人，只有一人生存了下来，官府为其成了家，他在中原地区生活了很多年，还有了孩子。等他能听懂和会说当地语言时，他常对人说自己就是毛民国人。

毛民国档案

地点 狄山的北面

国民形貌 像猪熊，全身长满很硬的黑毛

福欧敏技能 驯化虎、豹、熊、罴四兽

居住方式 住在山洞

邻居 劳民国、句芒

句（gōu）芒

传说中的东方之神，也是掌管树木发芽生长的春神，又叫青帝。相传，他是西方天帝少昊的儿子，人面鸟身，驾着双龙，还掌管着扶桑树和太阳升起的地方。

伯虑国

伯虑国、离耳国、雕题国、北朐国皆在郁水南。郁水出湘陵南海。一曰相虑。

——《海内南经》

古时候有个杞国人，整天担心天会塌下来，地会陷下去，担心日月星辰会掉下来，并为此吃不下饭，也睡不着觉，给后世留下了“杞人忧天”的故事。

伯虑国位于郁水的南岸，也叫相虑国。伯虑国人和杞国人有些相似，也是整天担心不着边际的事情。《镜花缘》中描述他们会担心自己睡觉醒不过来，就此丢了性命，因此日夜坚持着不睡觉。因为大家都不敢睡觉，所以这个国家没有被子和枕头，连床都少见。即便有床，也仅是用于短暂休息。

因为长时间缺乏睡眠，伯虑国的人看上去都昏沉无力，无精打采的，又个个面有忧色。说来也怪，他们竟练就了几年不睡觉的本领。一旦坚持不住倒下来休息，他们又能一觉睡上好几个月。昏睡时，家人们都以为他死了，个个悲伤哭泣。直到他醒来又庆祝他死里逃生。当然，也会有人疲劳至极，睡过去就再也没能醒来。这种事传出来，伯虑国人就更害怕睡觉，越不睡身体就越差，结果睡死的人也就越来越多，形成了恶性循环。

如今，“杞人忧天”“伯虑愁眠”，常被人们用来讽刺那些胸无大志、患得患失的人。

伯虑国档案

地点	郁水的南岸
国民形貌	精神萎靡、昏昏沉沉
特殊技能	可数年不睡觉，一睡能睡几个月
居住环境	没有被子和枕头
邻居	离耳国、雕题国
推测存在	今广西郁江南岸

郁水

河流名。古时候，今广西的右江、郁江、浔江和广东的西江都称为郁水。所以，如今广西境内的郁江，只是古郁水的一段。而《山海经》中记载的伯虑国，就在郁水的南岸。

离耳国

传说中在伯虑国附近。相传这个国家的人喜欢把耳朵割成几条，让条状的耳朵垂下来作为装饰。他们不吃五谷，主要以蚌类为食物。

雕题国

伯虑国的邻国，也在郁水南岸。这个国家的人喜欢在脸上纹黑色的花纹，在身上纹鱼鳞，成年女子则会在额头刺上细花纹。据考证，这可能是南方喜爱文身的一个民族。

氐人国

氐人国档案

地点 建木的西面

国民形貌 人面鱼身，有鳍无脚

特殊技能 能在天地间往返

祖先 炎帝

邻居 巴蛇、旄马

氐（dī）人国在建木西，其为人人面而鱼身，无足。

——《海内南经》

有互人之国。炎帝之孙，名曰灵恝（jiá），灵恝生互人，是能上下于天。

——《大荒西经》

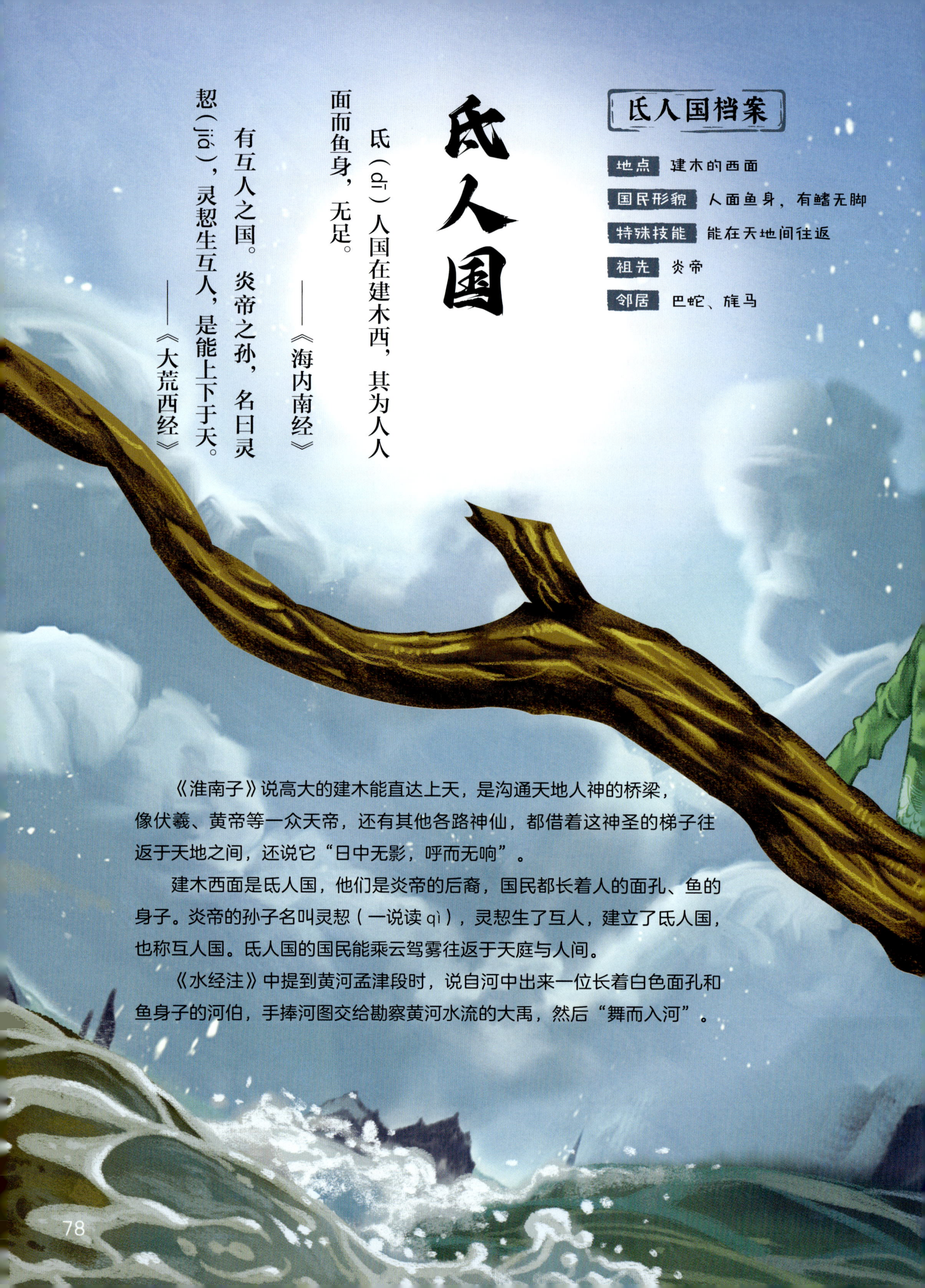

《淮南子》说高大的建木能直达上天，是沟通天地人神的桥梁，像伏羲、黄帝等一众天帝，还有其他各路神仙，都借着这神圣的梯子往返于天地之间，还说它“日中无影，呼而无响”。

建木西面是氐人国，他们是炎帝的后裔，国民都长着人的面孔、鱼的身子。炎帝的孙子名叫灵恝（一说读 qì），灵恝生了互人，建立了氐人国，也称互人国。氐人国的国民能乘云驾雾往返于天庭与人间。

《水经注》中提到黄河孟津段时，说自河中出来一位长着白色面孔和鱼身子的河伯，手捧河图交给勘察黄河水流的大禹，然后“舞而入河”。

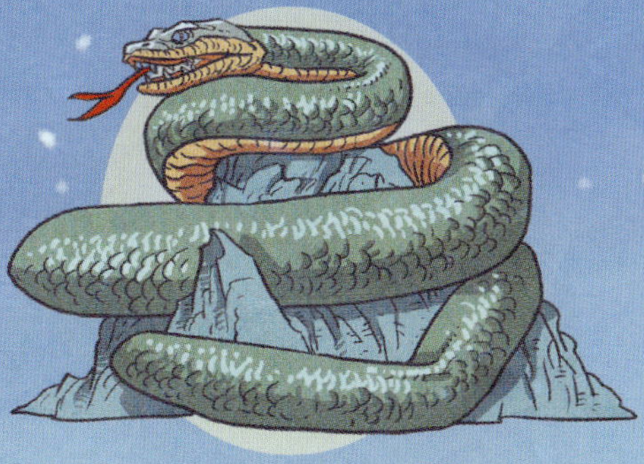

巴蛇

传说中的巨蛇，在氐人国附近，以吞食过往的动物为生。据说，巴蛇形体巨大，能吞下一头大象，三年才能消化完，再吐出骨头。后来因为袭击人类，被黄帝派去的后羿所杀，尸体变成了一座山，就是现在的巴陵。

旄（máo）马

传说中的怪兽，居住在巴蛇西北方的山上。旄马长得像普通的马，但马鬃很长，四条腿的关节上也都长有长毛。相传，周穆王曾用旄马来祭祀文山。

犬封国

有人曰大行伯，把戈。其东有犬封国。贰负之尸在大行伯东。

犬封国曰犬戎国，状如犬。有一女子，方跪进杯（bēi）食。有文马，缟身朱鬣（liè），目若黄金，名曰吉量，乘之寿千岁。

——《海内北经》

犬封国档案

地点	大行伯的东面
国民形貌	男子如犬，女子很美
别名	犬戎国
国民地位	男尊女卑
祖先	神犬盘瓠
境内神兽	文马
邻居	大行伯、贰负
推测存在	今陕西、甘肃一带

犬封国，又称犬戎国。《搜神记》中说，帝喾（kù，黄帝的曾孙，也是天下共主）在位时，有位住在王宫里的老妇人患了耳疾，很久都没治好。有一天，医生竟然从她耳朵里挑出一条大如蚕茧的金虫来，这条金虫被放在一只带盖的、用葫芦制成的容器里，不一会儿，它竟变成一条毛色五彩斑斓的狗从里面跳了出来。于是，人们称它为盘瓠。

后来，有个部落作乱，帝喾非常忧心。盘瓠跑到那个部落的营帐，趁领军之人睡觉的时候咬断他的脖子，将他的首级带到帝喾面前。帝喾大喜，当下封盘瓠为会稽侯（一说桂林侯），赏赐美女五名，食邑一千户。盘瓠的孩子为三男六女，男孩刚生下来时大体像人，但还有狗的尾巴。后来，子孙越来越兴旺，就建立了犬封国。

犬封国的国民貌似狗，这里的女人跪在地上进献杯装的食物。国内有种神马，色白，鬃红，眼睛闪亮如黄金，名叫吉量。乘它，就能活一千岁。

历史上，犬戎族是真实存在的民族，曾活跃于今青海、甘肃、四川等地，是鼎鼎有名的游牧民族，以狼为图腾，犬戎族也像狼一样具有凶悍的战斗力。在西周末年，犬戎族曾攻入周王朝的都城，致使西周灭亡。直到春秋时期，犬戎族还一直被秦国视为强大的对手。

大行伯

传说中的神人，手持一把长戈，站在犬封国的西边。相传他是水神共工的儿子修，常驾着舟车游览天下，被后世奉为祖神（道路之神）。学者考证认为，“大行”是官名，人们对大行伯的崇拜是为了缅怀汉代丝绸之路的开拓者张骞。

贰负

传说中的天神，人面蛇身，也是跑得最快的神。贰负喜好杀戮，他和臣子危杀了另一位天神窫窳（yàyǔ），被黄帝降罪，囚禁在疏属山，右脚戴镣铐，双手反绑，拴在山中的树上。

摇民国

王亥托于有易、河伯仆牛。有易杀王亥，取仆牛。河念有易，有易潜出，为国于兽，方食之，名曰摇民。帝舜生戏，戏生摇民。

——《大荒东经》

有嬴民，鸟足。有封豕。

——《海内经》

在《大荒东经》的记载中，有一群长着鸟脚的人，他们就是摇民国人。他们姓勾，以黄米为食。据说，摇民国来自古老的民族有易部落，而它的建立与商族的祖先王亥有关。

王亥是商族的首领，善于养牛养羊，经常带着牛羊到其他部落做生意。有一次，王亥把一群肥牛寄养在有易族人和河伯那里，有易族人贪图这群肥牛就杀了王亥。王亥被杀后，王亥的儿子上甲微十分悲痛，他继任首领后，就兴兵攻打有易部落。有易部落很快战败，不得不派兵助力上甲微的河伯本就与有易族人友善，见其亡族于心不忍，就帮着一些有易部落的人偷偷逃出来。这些逃出来的遗民在一个到处都是野兽出没的地方重新建立了一个国家，以各种兽类为食。这个新建立的国家，就是摇民国。还有种说法，帝舜生了戏，戏又生了摇民。摇民又称嬴民，相传是秦国人的祖先。

不过，史书上的有易氏，是黄河之北或易水附近一个强大的古部落，被商王上甲微打败后，就在历史上消失了。后世学者猜测，春秋战国时期被称为白狄的部落就是有易氏的后人，他们建立了不少小国，中山国就是其中比较有名的一个。

摇民国档案

地点	大荒中
别称	嬴民
国民形貌	长着鸟脚
国民食物	以兽类为食
祖先	有易部落
后裔	秦国人
推测存在	黄河北或易水附近

白狄

春秋时期，他们主要居住在今陕西一带，后来东迁到今河北石家庄地区，分鲜虞氏、肥氏、鼓氏、仇由氏几个氏族，后多被晋国所灭。

上甲微

商族的重要首领，王亥的儿子。他除了打败有易部落、为父亲报了仇之外，还继承祖父契的事业，振兴了商族，死后得到后世子孙的隆重祭祀。

中山国

公元前 507 年，由白狄人建立的国家，在今河北太行山一带，因城中有山而得名。中山国周旋在燕、赵、魏等几个大国之间，后来被赵国所灭，前后延续 200 多年。

寿麻国

有寿麻之国。南岳娶州山女，名曰女虔。女虔生季格，季格生寿麻。寿麻正立无景（yǐng），疾呼无响。爰（yuán）有大暑，不可以往。

——《大荒西经》

在《大荒西经》的记载中，寿麻国是个仙人国。那里的人都是无影人，他们站在太阳底下也没有影子，就算高声喊叫，四面八方也听不到一点儿回响。那里的气候非常炎热，水源很少，其他地方的人都无法前往。

南岳（黄帝初为南岳之官，故名南岳）娶了州山的女虔为妻，生了个儿子叫季格，季格又有了儿子，就是寿麻。神话传说中，最初寿麻和族人并不生活在大荒，而是在极南的一个地方。有一天，那里发生了可怕的地震，陆地塌陷，洪水滔天，寿麻带领着妻儿和一部分族人乘着木船向北逃去，逃到现在的寿麻国之地才安顿下来。几年后，有人回到原来住的地方打探，发现以前的村落和留下的乡人都不见了，估计是随着陆地一起沉入水中了。生存下来的人都很感激寿麻，便推举他做了首领，把生活的地方称为寿麻国。

寿麻国人脚下没有影子，生活的环境又异常炎热。根据这些描述，后世有学者认为寿麻国大概在南北回归线之间的热带地区，可能是中亚的沙漠地带，因为被太阳直射，所以才会看不到影子。也有学者认为，“寿麻国”是两河流域“苏美尔”的译音，指的是苏美尔文明。中国神话学家袁珂则认为寿麻国应该是今天的斯里兰卡。各种说法不一而足，至今无法确切考证。

寿麻国档案

地点 大荒中

国民形貌 阳光下没有影子

国家属性 仙人国

环境 异常炎热，没有水源

祖先 寿麻

原居住地 极南之地

推测存在 南北回归线之间

苏美尔人

早期定居在西亚两河（幼发拉底河和底格里斯河）流域的古老民族。他们发明的楔形文字是人类最早的象形文字，他们创造的文明是世界已知最早的文明之一。

斯里兰卡

位于印度洋上的热带岛国，古称锡兰。它土地肥沃，气候条件优越，盛产热带经济作物，是世界上著名的产茶国。另外，斯里兰卡宝石及宝石加工世界闻名。

《读山海经十三首·其三》

迢迢槐江岭，是为玄圃丘。
西南望昆墟，光气难与俦（chóu）。
亭亭明玕照，洛洛清瑶流。
恨不及周穆，托乘一来游。

——东晋·陶渊明

招摇山

南山经之首曰鹊山。其首曰招摇之山，临于西海之上。多桂，多金玉。有草焉，其状如韭而青花，其名曰祝余，食之不饥。有木焉，其状如榖而黑理，其花四照，其名曰迷榖，佩之不迷。有兽焉，其状如禺而白耳，伏行人走，其名曰狌狌，食之善走。丽麂（jǐ）之水出焉，而西流注于海，其中多育沛，佩之无瘕（jiǎ）疾。

——《南山经》

招摇山档案

所属山系	鹊山
地理位置	西海岸边
居住异兽	狌狌
特产植物	祝余、迷榖
特产矿物	各种金属矿物和玉石
山中河流	丽麂
山神	无名，鸟身龙头

神奇的草和让人不迷路的树

招摇山是《山海经》中所记载的第一座山，它高耸在西海之滨，山中生长着许多美丽的桂树，盛产各种金属矿物和玉石。山上生长着一种叫祝余的草，形状类似山韭菜，开青色小花，人吃了它就不会感到饥饿，简直就是能当粮食的神仙草。还有一种树叫迷榖，外形似现在的落叶乔木构树，生有黑色的纹理，开的花最为离奇，盛放时光芒四射，直映云霄。人在山林中若是佩戴了迷榖之花，绝对不会迷路。

? 招摇山到底是哪座山？

关于招摇山的具体地理位置，后人有多种猜测：一为今岷山，二是今雅鲁藏布江源头的狼阡喀巴布山，三指今广东连州，四即今广西兴安县的猫儿山。以第四种说法为业内公认。猫儿山为华南第一高峰，因峰顶巨石形似卧猫而名。山中及附近一带以产桂著称，由此丽麂水应该就是美丽的漓江。

招摇山的山神是什么样？

在中国，有关山神的传说源远流长，《山海经》中就记载了很多。招摇山自然也不例外，但此山神名字没有传下来，只留下了龙头鸟身的记载。祭祀山神的时候，人们会把畜类、禽鸟和美玉一起埋在地下，再选上好的稻米恭敬地放在白菅（jiān，茅草的一种）编织的草席上。后人推测，这一带的居民大概都是崇拜鸟图腾的。

爱喝酒的狌狌

招摇山里生活着《山海经》里唯一会说人话的异兽，就是我们讲过的狌狌，这种动物到底是什么呢？现在学术界比较集中的有两种说法，一种认为它们就是猩猩，二者名字发音相同，猩猩在山林里也疾行如飞；二是白颊长臂猿，因为它们的脸颊从远处看就像一对白色的耳朵。也有人认为狌狌就是现在的艾鼬，因为“狌”古通“鼪”字，鼪（shēng），就是俗称的黄鼠狼。艾鼬是黄鼠狼的近亲，伏行人走，耳朵外缘是白色，长得也像猴子。

育沛究竟为何物

育沛是丽麈水里的神物，将它佩在身上就可以使人远离寄生虫引起的疾病，也可以消解腹内的结块。但关于育沛究竟是什么，争论从未停止过。说法最多的，认为它就是琥珀。古人认为琥珀产于水里，可以佩戴，亦可入药，而且古中国南部山区琥珀藏量丰富，先民们喜欢佩戴并逐渐认识到它具有治病功效，也是很有可能的。但反对者认为，先民使用琥珀的事实并没有得到出土实物的支持，尤其是在唐朝以前的南方地区。

也有说法认为育沛就是水里生成的一种植物。还有一种说法，认为育沛是水里生活的一种动物，类似现在的玳瑁。

青丘山

又东三百里，曰青丘之山，其阳多玉，其阴多青雘（huò）。有兽焉，其状如狐而九尾，其音如婴儿，能食人；食者不蛊。有鸟焉，其状如鸠，其音若呵，名曰灌灌，佩之不惑。英水出焉，南流注于即翼之泽。其中多赤鱬（rú），其状如鱼而人面，其音如鸳鸯，食之不疥（jiè）。

——《南山经》

青丘山档案

所属山系	南山第一山系
地理位置	基山往东三百里
标志神兽	九尾狐
其他怪兽	灌灌、赤鱬
特产矿物	玉石和青雘
山中河流	英水
山神	无名，鸟身龙头

青丘王者九尾狐

青丘国内的青丘山，山南盛产玉石，山北盛产青雘。青雘是一种青色矿物颜料，可用来涂饰器物。不过，让青丘山享有盛名的，不是玉石，也不是青雘，而是九尾狐。

电视剧《三生三世十里桃花》的热播，让生活在青丘的九尾狐族家喻户晓。长着九条尾巴的它们，可幻化人形，又精通法术，活跃在流传下来的许多神话中。在被妖化之前，九尾狐是王者天命和太平盛世的象征。《逸周书·王会解》中曾记载，战国时周成王就收到过来自青丘国九尾狐的贡品。后人对于九尾狐的真实存在，多持怀疑态度。学术界有九尾即狐尾、图腾崇拜、生殖崇拜、星宿来源等多种说法，也有学者认为九尾只是“九节”之误。

使人明智的灌灌

除了九尾狐，青丘山上还生活着一种很知名的鸟儿，名叫灌灌。它们长得很像斑鸠，叫声听起来就像两个人在互相呵斥。但凡能出现在《山海经》中的奇鸟怪兽都非凡物，灌灌也不例外。据说，如果把灌灌的羽毛插在身上，人就可以头脑清醒不迷惑。

长着人脸的赤鱬

在层峦叠嶂的青丘山间，有一条名叫英水的河流，向南流入即翼泽湖。在这片水里，生活着一种非常奇特的鱼，名叫赤鱬。赤鱬外形跟普通的鱼一样，却长着一张人脸，叫声像鸳鸯。它的肉能使人不生疥疮。后人大多认为赤鱬就是指生活在海中的儒艮（gèn），它们定期浮出水面呼吸，哺乳时会像人类一样怀抱小儒艮，常被误认为“美人鱼”。

兵王蚩尤

青丘山声名赫赫，除了有九尾狐这样的王者神兽外，相传还跟远古第一位战神蚩尤有关系。蚩尤是神通广大的九黎部落首领，他带领族人打败了炎帝，并与黄炎联军大战于涿鹿。黄帝一时不能取胜，就请天神相助，最终杀了蚩尤，斩其首而葬之，封他为“兵王”。《归藏·启筮》中说蚩尤的身死之地就在青丘。

青丘山到底在哪里？

古往今来，人们对青丘山位置的猜测从来没有停止。一种说法认为，青丘山在今山东菏泽一带，因为菏泽附近有蚩尤墓，而且唐时这里还多狐；一种说法认为是在武夷山，因为它在基山以东三百里，而基山被认为在今广东省；还有一种说法认为青丘山即今天的河北涿鹿桥山，是古黄帝庙遗址即黄帝陵所在。

会稽山

又东五百里，曰会稽之山，四方，其上多金玉，其下多砆（fū）石。勺水出焉，而南流注于湨（jú）。

——《南山经》

大禹会盟、封禅、归葬之地

山势四方的会稽山，金属矿石和玉石藏量丰富，在古代山岳中地位很高，位列九大名山之首。《越绝书》《史记》中均记载大禹成为部落联盟首领后，曾在会稽山会盟诸侯，论功行赏，祭祀天地。大禹去世后就葬在了会稽，秦始皇统一六国后曾亲上会稽山祭祀大禹。浙江会稽山下有大禹陵，相传就是大禹的墓地。不过，也有学者认为，大禹会盟的会稽山并不在现在的浙江绍兴，而是在山西平陆。大禹安葬之地也有可能在山东日照境内的会稽山。

会稽山档案

所属山系	南山第二列山系
别名	茅山、亩山等
地理位置	浙江省绍兴市
文化地位	古代九大名山之首
著名景点	大禹陵、会稽湖、香炉峰等
相关人物	大禹、越王勾践、王羲之、王阳明等
特产矿物	金属矿物、玉石、砆石
山中河流	勺水
山神	无名，鸟头龙身

？浙江会稽山的历史底蕴和文化内涵体现在哪里？

一是流传已久的大禹文化。大禹一生中的重大事件均与这里有关。二是越国文化。它不但是越国的发祥地，也是其政治、经济和军事的支撑地。三是自然风光。会稽山风景优美，山水秀丽，历代文人雅士留下了许多佳篇名句，是山水诗的重要发源地。

困于会稽山的越王勾践

《史记》中载，古越国的始祖为夏朝君主少康的庶子无余，属大禹直系后裔。春秋时，越国成为诸侯强国，会稽山也一直是越国的堡垒腹地。春秋末年，越国与相邻的吴国多次发生战争，公元前 494 年，吴王夫差把越王勾践围困于会稽山下，勾践不得已求和，到吴国做了吴王的仆役。他被赦免回越国后，卧薪尝胆，励精图治，时刻不忘会稽山之困、吴国之辱。经过十年发展，越国积攒了足够的实力，一举打败了吴国，勾践也成为春秋时期的最后一位霸主。

葛仙翁炼丹之处

会稽山中有一个群山环抱的谷地，称“阳明洞天”，相传黄帝曾在这里修建候神馆；大禹在这里得到了黄帝的经书，所以也叫“禹穴”；明代时创立“心学”的王阳明在此筑屋读书。

晋代，有位非常有名的炼丹家，名叫葛洪，世称“葛仙翁”。他因在会稽山上炼制据说能长生不老的丹药而名扬一时。他炼丹的地方是一块巨大的石头，称“飞来石”，后人也称它“葛仙炼丹岩”。

明代学者王守仁的阳明学派怎么来的？

王守仁是明代的著名学者，是心学（儒学的一门学派）的集大成者，强调“心即是理”、知行合一。心学成为明代影响最大的哲学思想。31 岁时，王守仁辞官回乡，在会稽山的“阳明洞天”筑室居住，潜心研究学问，自号“阳明子”，所以世人尊称他为“阳明先生”，他的学派也被称为“阳明学派”。

太华山

又西六十里，曰太华之山，削成而四方，其高五千仞，其广十里，鸟兽莫居。有蛇焉，

名曰肥遗，六足四翼，见则天下大旱。

——《西山经》

五岳之一，险绝天下

太华山山势十分陡峭，像刀劈斧削过一样，四方险峻，“高五千仞”，宽十多里，鸟兽都无法在此栖身，但却生活着预示大旱灾的异兽肥遗。现在公认的是，《山海经》里的太华山就是今天的西岳华山。华山以“险”闻名天下，素有“天下第一险”之称。

华山南峰的千丈绝壁，直立如刀削，让人望之生畏。其中以“长空栈道”最为险绝，铁索横悬，条石搭路，游人需面壁贴腹挪步通过。

太华山档案

所属山系	西山第一列山系
地理位置	陕西省渭南市
山势特点	天下第一险山
居住异兽	肥遗
相关传说	吹箫引凤、陈抟仙逝、巨灵劈山等
山神	华山君神

华山君神是哪路神仙？

华山君神就是华山的山神，是西山第一系列山神中的老大，在民间广受崇拜。实际上，五岳（即东岳泰山、西岳华山、南岳衡山、北岳恒山、中岳嵩山）在古人心中都有很高的地位，宋时均被封为帝，总称“五岳大帝”。那么，华山上的西岳庙里供奉的华山之神是谁呢？是金天氏少昊，少昊是黄帝的长子，为西方天帝，也称白帝，是华夏共祖之一。

华夏之根，民族之源

南接秦岭、北瞰黄渭的华山，是中华文明的发祥地之一，很多学者认为，“中华”和“华夏”之“华”就来源于华山。而且，华夏民族最初形成并居住于“华山之周”，此后才遍及九州的。《尚书·禹贡》中说黄帝曾在这里大会各路神仙，尧帝和舜帝也曾多次巡游华山。后世的很多皇帝，如秦始皇、汉武帝、唐玄宗、康熙帝，都曾到华山举行过祭祀大典。

肥遗一出，天下大旱

生活在华山上的六足四翅的肥遗，是一种长相奇特而且有毒的巨蛇，更为可怕的是，只要它一出现，天下就会大旱，颗粒无收。清代史学家吴任臣曾在其著作《山海经广注》中说：“今华山有肥遗穴，土人谓之老君脐。明末时大旱，肥遗曾一见云。”

修道圣地，成仙之所

千百年来，关于在华山上修道成仙的传说很多，其中最著名的莫过于《列仙传》中的弄玉与萧史。弄玉是秦穆公的女儿，善于吹笙，她的如意郎君名叫萧史，擅长吹箫。夫妻俩笙箫合鸣，竟召来了凤凰和神龙，两人便驾着一龙一凤成仙去了。他们离开后，人们就在山上修建了引凤亭和玉女祠作为纪念。据说活了一百多岁的宋朝道家学者陈抟（tuán），也是在华山仙逝的。

华山和少华山有什么关系？

少华山位于陕西渭南华州区，以其险绝高峻著称。它在华山的西面，《山海经》称其为“小华之山”，两座山峰势相连，遥遥相对，并称“二华”。《搜神记》中说它们本是一座山，因为挡住了黄河的去路，被巨灵神（山川之神）用手掰成两半，高的称华山，低的就是少华山了。至今华山顶峰上仍留有据说是巨灵神掰山的手印。唐朝李白的诗句“巨灵咆哮劈两山，洪波喷流射东海”就引用了这个传说。

崇吾山

西次三经之首，曰崇吾之山，在河之南，北望冢遂，南望䍃（yáo）之泽，西望帝之搏兽之丘，东望螞渊。有木焉，员叶而白柎（fū），赤华而黑理，其实如枳，食之宜子孙。有兽焉，其状如禺而文臂，豹虎而善投，名曰举父。有鸟焉，其状如凫，而一翼一目，相得乃飞，名曰蛮蛮，见则天下大水。

——《西山经》

多子多孙树

崇吾山在黄河南岸，是西方第三列山系的第一座山。它北望冢遂山，南望䍃湖，西望黄帝的搏兽丘，东望螞湖。山上生长着一种树，圆叶，白色花萼，红花带黑色纹理，结出的果子像枳实。人要是吃了这种果实，就可以儿孙满堂。

崇吾山的位置在什么地方？

崇吾山上生活的举父，因力气大而善跑也被称为夸父。传说，夸父是为追赶太阳而死，实际也可能是当地的水质不好，夸父找不到饮用水而被渴死，才有了“夸父逐日”的传说。在今甘肃兰州有个苦水镇，当地的水味道苦，难以入口。一些学者考证说，传说中的夸父国大约就在今甘肃兰州的西面。据此，有人认为，崇吾山大概就是今祁连山的东部山区。但这种说法并没有得到业界共识。

崇吾山档案

所属山系	西山第三列山系
地理位置	黄河南岸
居住异兽	举父、蛮蛮
特产植物	多子多孙树
山神	无名，人面羊身

举父与蛮蛮

崇吾山上还生活着一种形似猿猴的灵长类动物，就是我们之前讲过的举父。除举父外，崇吾山中还生活着一种鸟。它们长得和一般的野鸭很相似，但只有一只翅膀、一只眼睛，没办法独自飞翔，只能两只结成一对，比翼齐飞，它们名叫蛮蛮。蛮蛮一旦出现，就意味着水灾。不过，也有人认为，蛮蛮就是比翼鸟，象征着夫妻恩爱同心。

《博物志·异鸟》中记载，在崇丘山也生活着一种只有一只脚和一只翅膀的鸟，也是必须两只在一起才能飞行，叫作虻 (méng)。它们是吉祥的鸟儿，人若是见到它们，就会交好运，若是能骑在它们背上，则可以长寿，活上千岁。

《拾遗记》中说，周成王大会诸侯时，就曾有方国使者以比翼鸟作为方物敬献，用来称赞周成王为政清明，仁德惠及天下。

古时成双成对的生物还有哪些？

在古代，成双成对通常被看成吉祥的象征。除了比翼鸟外，还有比目鱼、比肩兽。据古书记载，东方有一种叫鲽(dié)的鱼，习性就和蛮蛮非常相似，也是两条鱼交绕，才能一起游动，被称“比目鱼”。《尔雅》中提到一种比肩兽，与另一种兽相伴，经常给对方喂食甜草根，如果遇到危险，它就会背着同伴行走。北方则有比肩民，他们都是两个两个一起生活，共同吃饭，朝夕相处，几乎一刻都不分开。

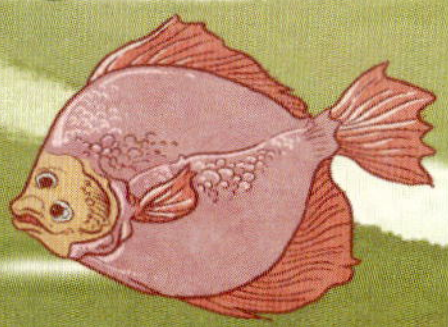

不周山

又西北三百七十里，曰不周之山。北望诸毗（pí）之山，临彼岳崇之山，东望泑（yōu）泽，河水所潜也，其原浑浑泡泡。爰有嘉果，其实如桃，其叶如枣，黄华而赤柎，食之不劳。

——《西山经》

西北海之外，大荒之隅，有山而不合，名曰不周负子，有两黄兽守之。

——《大荒西经》

不再忧愁的果树

自长沙山往西北方向行三百七十里，就到了不周山。不周，就是不周全、不完整的意思，在上古传说中，它北与诸毗山相望，与岳崇山相邻，东面是泑泽，那里是黄河的源头，源头之水雄浑喷薄。山上生长着一种嘉果，叶子像枣，果实像桃，红色花萼，黄色花朵。人若吃了它的果实，就不会感到烦恼忧愁。

共工怒撞不周山

人面蛇身、红发的水神共工怒撞不周山的传说，已经流传了两千多年。其中以《淮南子· 天文训》中他和颛顼（黄帝的孙子）争帝位的故事最为著名。话说盘古死后身体化为三山五岳以及大大小小的山脉，不周山亦由盘古身体的一部分所化。盘古倒下后，它接替了撑天的任务，成为西北方的天柱。共工与颛顼派来的火神祝融大战，战败后，一怒之下就用头撞了不周山。震天巨响后，不周山拦腰折断，西北方的天空也随之坍塌，露出一个大洞，连日月星辰都变了位置。这就有了后来女娲补天的故事。此后，大地就往东南方塌陷，天空向西北方倾斜，太阳东升西落，江河都东流入海。

诸多位置猜想

神话传说中，不周山不仅是撑天的柱子，还是人界唯一能到达天界的路径，它终年飘雪，极度寒冷。据东汉文学家王逸注本《离骚》和高诱注本《淮南子》考证，不周山在昆仑山脉的西北部，目前最普遍的说法是不周山位于今冰川遍布、寒风凄劲的帕米尔高原。

除此之外，还有几种说法，一种认为是在祁连山的山尾，这里三面环山，有一个谷口；一种认为是宁夏与内蒙古交界的贺兰山脉，因为山中的大量岩画与《山海经》中描述的珍奇异兽吻合；还有一种认为是在内蒙古土默川平原以西。此外，还有山西长子县的西山、陕西岐山等说。

不周山档案

所属山系	西山第三列山系
地理位置	长沙山西北 370 里
特产植物	治疗忧郁症的果树
相关传说	共工怒撞不周山
山神	无名，人面羊身

？共工氏与撞不周山的共工有区别吗？

从《汉书》等诸多古籍中可以看出，共工氏是上古时期的大族，族人有着治水、平水土、掌营建制造和祭祀等历史功绩。《今本竹书纪年》中记载，尧帝时期洪水肆虐，共工受命治水，因采取了堵的方式遭到失败。自此以后，共工的形象就在典籍中变成了一个脾气暴躁、阳奉阴违、发水害民的大恶人，甚至在舜执政时，成为“四凶”之一而被流放，参见《尚书》《史记》等记载。

昆仑山

西南四百里，曰昆仑之丘，是实惟帝之下都，神陆吾司之。

——《西山经》

昆仑之虚，方八百里，高万仞。上有木禾，长五寻，大五围。面有九井，以玉为槛。面有九门，门有开明兽守之，百神之所在。

——《海内西经》

西海之南，流沙之滨，赤水之后，黑水之前，有大山，名曰昆仑之丘。有神——人面虎身，有文有尾……有人，戴胜，虎齿，有豹尾，穴处，名曰西王母。

——《大荒西经》

女仙之首西王母的居所

在神话中，位于天地中心的昆仑山是中华民族的发祥地和祖地，被称为中国第一神山，也是万山之祖。这座山方圆八百里，高万仞。生长的禾苗又高又粗，需要五人合抱。山下弱水环绕，深渊外炎火山投物就燃。除人面虎身的天神外，西王母也住在此山北边的山洞中。最初西王母只是半人半兽，后来就逐渐演变成我们后世所熟悉的王母娘娘，在道教传说中位居女仙之首，地位尊贵。又因为西王母掌管着不死仙药，民间便有了上昆仑山向王母求取仙药的传说。

昆仑山档案

所属山系 西山第三列山系

别名 昆仑虚、昆仑丘、玉山等

地理位置 中国西部

文化地位 天下第一神山、万山之祖

守山神兽 开明兽、陆吾、人面虎身神

特产动物 土蝼、钦原

特产植物 沙棠、蓍草

相关神仙 西王母、伏羲

天帝在人间之都

昆仑山是天帝在人间的都城，山体每面都有九眼井和九扇门，“万物尽有”。《淮南子》中记载，山上除自动生长的稻谷外，还有吃了可遇水不溺的沙棠果、具有自身修复功能的视肉、可制造不死药的不死树、喝了可永生的丹水河。此外，还有各种奇花异草、清芬甘美的泉水和五彩斑斓的玉树。山上也生活着很多野兽，其中有名的一种野兽叫土蝼，据说长得像羊，但有四只角，会吃人。还有一种带剧毒的鸟叫钦原，形似蜜蜂，个头儿和鸳鸯差不多，它能毒死其他鸟兽，连树木被它蜇了也会枯死。

人面虎身——三大守山神兽

昆仑山上的神灵是陆吾，也叫肩吾，人面虎身，长着九条尾巴。陆吾不仅守护着昆仑山，还掌管九域内的世界和天帝苑圃的时节变化。昆仑山帝都宫殿的正门面朝东方，迎着每天的朝阳，叫作开明门，开明门门外守着的就是开明兽。开明神兽也是人面虎身，瞪视昆仑，威慑百灵。第三位山神没有名字，亦人面虎身，尾巴上有花纹和白色的斑点。这三位山神共同守护着昆仑山的安宁，后世的器具装饰或画像中大量出现它们的形象。

? 传说中的昆仑山具体在什么位置？

现代以来，人们普遍接受的看法是：昆仑山就是现在的昆仑山脉，西起帕米尔高原东部，向东横贯新疆、过西藏、入青海，全长二千五百公里。而自秦汉以来，关于“昆仑山”的所在，一直难有定论。汉武帝时把现新疆和田南山钦定为昆仑山，唐以后人们相信现青海巴颜喀拉山就是昆仑山。历代地理学家根据对黄河源头的实地考察，逐步修正了现实中昆仑山的位置，把神话变成了现实。

章莪山

又西二百八十里，曰章莪(é)之山，无草木，多瑶碧。所为甚怪。有兽焉，其状如赤豹，五尾一角，其音如击石，其名如狰。有鸟焉，其状如鹤，一足，赤文青质而白喙，名曰毕方，其鸣自叫也，见则其邑有讹火。

——《西山经》

章莪山档案

所属山系	西山第三列山系
地理位置	中国西部
居住异兽	狰、毕方
特产矿物	瑶、碧一类的美玉
山神	无名，人面羊身

五条尾巴的豹子

章莪山上不生长草木，倒盛产瑶玉和碧玉。山里有很多奇怪的东西。有种叫狰的怪兽就生活在这里，狰长得跟豹子很像，但头上生着一只长角，长了五条尾巴，叫声听起来就像在敲击石头。

后世有学者考证说，章莪山可能是现在青海玉树的尕（gǎ）朵觉悟雪山，狰也有可能是夜间奔跑的雪豹，被人们误看作有五条尾巴。

带来火灾的毕方

章莪山上的“原住居民”，比狰更出名的是神鸟毕方。毕方长得像鹤，不过只有一只脚，青色的身子，红色的羽毛。据说，它到了哪里，哪里就会出现怪火。在神话传说中，毕方的名头可比狰响亮多了，它既做过天帝的座下童子，也曾为黄帝出征保驾护航，后来才成为带来火灾的鸟。不过，也有人认为，毕方鸟可能就是雪山上的黑颈鹤，所谓独足，其实就是鹤单脚站立。

与毕方职能相反的神鸟是哪一个？

商羊司风雨，毕方司讹火，水火相克，阴阳相对。商羊是古代神话传说中屈起一只脚跳舞的神鸟，每当大雨到来之前便会翩翩起舞。《孔子家语》中记载，齐侯曾见此鸟在殿前舒翅而跳，派人去鲁国问孔子，孔子解释说此鸟叫商羊，雨水之兆，应该赶紧修堤治渠。不久后，大暴雨就来了，诸国均发生了水灾，只有齐国提前做了防备而安然无忧。后来，每当大旱时，山东鄄（juàn）城一带的人们会模仿商羊跳舞祈雨。鄄城的商羊舞还被列入国家级非物质文化遗产名录。

长留山

又西二百里，曰长留之山，其神白帝少昊居之。其兽皆文尾，其鸟皆文首。是多文玉石。实惟员神磈（wěi）氏之宫。是神也，主司反景。

——《西山经》

长留山档案

所属山系	西山第三列山系
地理位置	中国西部
特产动物	带花纹的鸟兽
特产矿物	带花纹的玉石
居住神仙	少昊
山神	无名，人面羊身

天帝少昊的居所

长留山与章莪山相邻，就在章莪山的东边。这座山是白帝少昊的居所。少昊是谁呢？他是黄帝的长子，东夷部落的首领，后来接替黄帝做了部落联盟首领，任用百鸟为官，打造了一个凤帝国。少昊还掌管着西方的广大土地，称西方天帝，长留山就是他在西部的住所。这里还有磈氏神的宫室，他是负责反转太阳影子的神。

多姿多彩的鸟兽

长留山上的物产非常特别，都是带有独特花纹的。比如，山中的野兽尾巴都有斑纹，鸟都长着带纹路的脑袋，就连山上出产的玉石也都带着五彩的花纹。根据鸟兽的这个特点，后世有人考证说长留山大概就是今天青海地区的大野马岭。这里是青藏高原野生动物最多的地区之一，有雪豹、羚羊、牦牛、梅花鹿等各种走兽，还有鹰、雕、隼、马鸡、虹雉等各种飞禽，其中有不少毛皮或羽毛相当艳丽的兽禽。而且，这里大小湖泊环绕，星罗棋布，环境优美，也符合传说中天帝居所的设定。

阴山

又西三百里，曰阴山。浊浴之水出焉，而南流注于蕃泽，其中多文贝。有兽焉，其状如狸而白首，名曰天狗，其音如榴榴，可以御凶。

——《西山经》

西次四经之首，曰阴山，上多榖，无石，其草多茆（máo）蕃。阴水出焉，西流注于洛。

——《西山经》

阴山档案

所属山系	西山第三列山系和第四列首山
地理位置	中国西部
居住异兽	天狗
特产动物	文贝
特产矿物	煤、铁、稀土等
发源河流	浊浴水、阴水
山神	无名，人面羊身

西方第四列山系的第一座山就叫阴山，山上没有石头，长有很多构树，生长的草以莼菜和青蕃为主。浊浴河从这里流出，西流入水中盛产带花纹河蚌的蕃泽；阴水河从这里向西，注入洛河。

阴山上住着一种我们熟知的怪兽，就是天狗。天狗的形象最初像狸猫，会发出喵喵的叫声，饲养它可以抵御灾凶。后来，天狗渐渐被神化，成为天上的星宿，还有了“天狗吃月亮”的传说。当然，我们现在知道，这只是月食现象而已。

？阴山是我们今天熟知的山脉吗？

《山海经》中的阴山可不是今天的内蒙古自治区中部的阴山山脉。《山海经地理古今考》认为，阴山就是陕西境内的将军山。还有一种说法，认为阴山是青海塔塔棱河和小柴达木湖南的山脉，因为塔塔棱河古称浊浴水，向南流入小柴达木湖，就是《山海经》中记载的蕃泽。除此之外，也有人认为阴山在今新疆或甘肃境内。

天山

又西三百五十里，曰天山，多金玉，有青雄黄。英水出焉，而西南流注于汤谷。有神焉，其状如黄囊，赤如丹火，六足四翼，浑敦无面目，是识歌舞，实惟帝江也。

——《西山经》

中央之帝居住的仙山

天山之上富蕴矿物和玉石，产石青（蓝铜矿一种，可做蓝色颜料）和雄黄。英水河从这里流出，向西南注入汤谷。这里住着一位地位尊贵的天帝，就是中央之帝帝江。帝江又名帝鸿，形状像一条黄色的口袋，散发着红光，有六只脚和四只翅膀，混沌没有面目，却精通歌舞，是原始先民的歌舞之神。《庄子·应帝王》中讲了这么一个故事，帝江有次热情招待了南海之帝和北海之帝，两帝为了报答它的恩德，决定为它凿出七窍，结果七窍开，帝江亡。汉时《神异经》中的帝江，已经被归入凶兽之列了。

天山档案

所属山系	西山第三列山系
居住天神	帝江
特产矿物	各种金属、玉石、石青和雄黄
发源河流	英水
山神	无名，人面羊身

耳熟能详的河西走廊在哪里？

这是一条中原通往新疆的交通要道，在祁连山以北，东起乌鞘岭，西至古玉门关，长约1000千米。因为它是一条北西—南东走向的狭长平地，形似走廊，又在黄河以西，所以叫河西走廊。丝绸之路也在这里经过，敦煌莫高窟、嘉峪关、阳关等位于走廊西部，如今兰新铁路也从这里通过。正是因为有了祁连山的冰雪融水，阻隔了沙漠与荒漠，才有了河西走廊。

冬夏有雪的天山

据《山海经》记载，天山在三危山以西五百四十里，三危山在今甘肃敦煌境内，因此唐时地理学家李吉甫在《元和郡县图志》中解释：“天山，一名白山，一名折罗漫山……匈奴谓之天山，过之皆下马拜。”折罗漫山就是隋唐时人们对今新疆天山山脉的称谓。

天山冬夏皆有雪，属世界七大山系之一，动植物、矿产、河流资源丰富多样，沙漠、戈壁和绿洲交替，约四千年前就有月氏、乌孙等游牧民族活动。《穆天子传》中记载了周穆王乘“八骏马车”西行天山，得到西王母天池接见的故事。

雪峰连绵的祁连山

也有学者依据《史记》中汉匈战争记载考证，天山并不是现在我们所熟知的新疆天山，而是青海与甘肃境内的祁连山。现代文史研究家王伯祥也说“胡人呼天为祁连”。

祁连山一带矿藏丰富，且品质优良，也曾是古代匈奴人的聚居地，在匈奴语中，祁连山就叫“天之山”。广义的祁连山是一组庞大的山系，由多条西北一东南方向的山脉和宽谷组成，山峰一座连着一座，海拔都在四千米以上，山顶终年积雪，雪峰连绵不断。而狭义上的祁连山，指最北一列山脉，因位于河西走廊的南面，也叫走廊南山。这里有水草丰美的草原，更有蕴含水资源的上千条冰川，孕育出一条条河流，成就了河西走廊。

王屋山

又北百里，曰王屋之山，是多石。𣶃（lián）水出焉，而西北流于泰泽。

——《北山经》

别有洞天的圣地

王屋山上石头很多，从这里流出的𣶃水河向西北流入泰泽。现实中王屋山位于河南济源西北四十公里处，东靠太行山，西连中条山，北边是太岳山，南濒黄河，三面环山，一面临水。因山形犹如王者之屋，故名王屋山；也有说因山中之洞像王者之宫而名。

王屋山四季常青，巍峨壮观，是中国古代九大名山之一。据说，春秋时老子曾在这里隐居悟道，战国时列御寇曾在此云游，东汉魏伯阳和魏晋时的葛洪均曾在此炼丹修道。唐朝时，王屋山被命为“天下第一洞天”。

黄帝设坛祭天退蚩尤

王屋山的主峰天坛山素有“太行之脊”之称，因轩辕黄帝在此设坛祭天而名。《天坛王屋山圣迹记》中记载，黄帝与蚩尤大战，黄帝一开始久战不胜，就来到王屋山上，设坛祭祀天地，问计西王母。西王母被他的诚意所感，派九天玄女下凡，赠送给黄帝阴符和灵符。靠着阴符与灵符，黄帝发明了指南车，于浓雾中辨明了方向，在战斗中一举打败蚩尤，统一了华夏。所以，王屋上的祭坛又被称为“华夏第一祭坛”。

王屋山档案

所属山系	北山第三列山系
地理位置	河南济源西北
相关传说	愚公移山
发源河流	𣶃水
山神	无名，人面马身

王屋山与全真教有什么渊源？

金代时，道士王重阳创立了全真派，他的弟子丘处机（号长春子）曾率十八名弟子西行谒（yè）见成吉思汗，以忠孝仁义之理劝其戒杀而治天下。为感念他的功绩，全国各地建了很多长春观，丘处机曾在王屋山的长春观居住，并在灵都观悟道。

愚公移山的传说

《列子·汤问》中说，太行、王屋两座大山最早在冀州的南边、黄河的北边，方圆七百里，高万仞。年近九十岁的愚公和他的家人面山而居，出行很不方便。于是有一天，愚公召集家里人商量，决定把这两座大山搬走，家人都同意，便一起动手挖山。其他村民嘲笑他太不自量力，但愚公不为所动，认为自己的子子孙孙一代代挖下去，一定能把大山移走。后来，山神告知了天帝，天帝有感于他的诚心，就派夸娥氏的两个儿子下界搬走了两座大山。现在的王屋山主峰的山梁中间有一条很大的山口，远远看去，还真像人工挖开的一样。

孟门山

又东南三百二十里，曰孟门之山，其上多苍玉，多金，其下多黄垩（è），多涅石。

——《北山经》

扼住黄河的巨石

孟门山盛产黑玉和矿产，山下多产用作涂料的黄土和矾石。民间传说孟门山是远古时代女娲补天练就的神石，能随水涨落而不被淹没。古人曾把孟门山与王屋山、太华山、泰山等相提并论，列为九大名山之一。实际上，孟门山只是黄河中的两块巨石，大的一块长约三百米，宽约五十米，高出水面十多米，称龟石；而小的一块一头高耸，一头没入水中，称蛇石。这两块大石挺立于汹涌奔腾的洪流中，终年不没。千百年来，它们静卧在黄河中，远看像小舟，近看像山丘。从空中俯瞰，则像一道门，因此叫孟门，世称“九河之蹬”。

孟门山档案

所属山系	北方第三列山系
地理位置	陕西延安宜川壶口瀑布下游
特殊矿产	苍玉、黄色垩土、黑矾石等
相关人物	大禹
山神	不详

？孟门山是怎么形成的？

据研究，孟门原来是黄河河床上的一处裂点，最初的壶口瀑布就出现在这里。但随着地壳上升，河流下切作用增强，再加上河水的冲刷侵蚀，裂点不断上移，壶口瀑布就由孟门移到了现在的位置。瀑布下面的深潭发展为著名的“十里龙槽”，也就是河水冲刷出的河槽，俯瞰如黄龙。而孟门山呢，就是瀑布位置上移后残留下来的岩石块体。

大禹凿石导河

依《淮南子》记载的故事，从前壶口和孟门山是紧紧连在一起的，这两块巨石也原本是一体的。但是它太大了，阻塞了河道，引得洪水四处泛滥。大禹治水时来到这里，将这座小山一劈为二，从而使湍急的河水畅通无阻，并给这里起名“孟门”。如今，在大巨石的西南面，还刻有清雍正初年金明郡守题写的“卧镇狂流”四个大字。

胜景“孟门夜月”

经过千百年的冲刷，壶口瀑布已经移到孟门山的上游。这里也没有了《山海经》中记载的玉石、黄土和矾石，有的只是被河水冲刷的黄沙。不过，“孟门夜月”一直是这里最美的一道风景。每到月圆之夜，人们在孟门山可以看到河底明月高悬。由北往南望，水中明月分为两排飞舞而下；由南往北望，水中的明月则合为一轮迎面而来，这就是著名的“孟门夜月”的胜景。虽然孟门山不足以成山，但因这独特的景致也能引人入胜，在名山中占据一席之地。

空桑山

东次二经之首，曰空桑之山，北临食水，东望沮吴，南望沙陵，西望涽（mǐn）泽。有兽焉，其状如牛而虎文，其音如钦，其名曰軨軨（líng），其鸣自叫，见则天下大水。

——《东山经》

会带来水灾的軨軨

空桑山是东方第二列山系中的第一座山，北边与食水河相邻，东望沮吴山，南与沙陵山相望，西临涽泽。山上生活着一种野兽，名叫軨軨。軨軨长得像普通的牛，但毛皮上带有老虎一样的斑纹。它叫起来的声音可不怎么悦耳，像人在呻吟一样，又像是在呼唤自己的名字。它出现时，人间就会发生大水灾。

出产制琴的木材

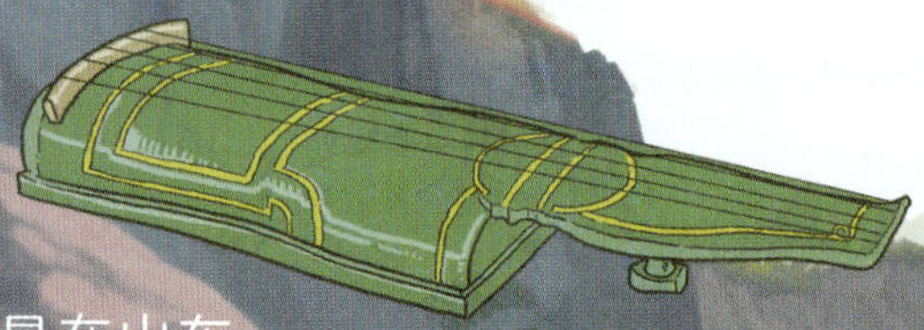

空桑，就是空心的桑树。空桑山从古至今被认为是在山东北部，因山上有大片的桑树而得名。《述异记》中说，空桑是制作乐器琴与瑟的最好的材质。这座山山势高峻，登上山顶，能看见四周的丘陵和湖泊。值得一提的是，这一带山神是人的面孔、兽的身子，而且头戴麋鹿角，反映了古代东部地区人们对麋鹿的崇拜。

空桑山档案

所属山系	东方第二列山系
地理位置	约山东济南附近
山中怪兽	軨軨
特殊植物	空桑
山神	无名，人面兽身，头戴麋鹿角

昆吾山

又西二百里，曰昆吾之山，其上多赤铜。有兽焉，其状如彘（zhì）而有角，其音如号，名曰蠪蚳（lóngchí），食之不眯。

——《中山经》

周穆王得昆吾剑

位于阳山以西二百里的昆吾山，盛产高纯度的铜矿石。《拾遗记》中记载，黄帝与蚩尤交战时，曾在昆吾山上摆兵布阵。他派人在此挖泉，挖地百尺也没见到水，却看到红石闪着星星点点的火光，就把它们炼成了赤铜。这里的赤铜鲜红如火，打造成兵器后，锋利异常，削铁如泥。《列子·汤问》中记载，周穆王征伐西戎时，西戎向周穆王献了一把锋利无比的昆吾剑，此剑用来削玉石，就跟切泥土一样容易。

让人不做噩梦的蠪蚳

除了盛产赤铜，昆吾山上也生活着一种怪兽，名叫蠪蚳。蠪蚳的外形和野猪相似，但头上长着犄角，它吼叫起来，就像人在号啕大哭。人若吃了它的肉，就不再做噩梦。

昆吾山档案

所属山系	中部第二列山系济山山系
地理位置	阳山以西二百里
山中怪兽	蠪蚳
特殊矿产	赤铜
相关人物	周穆王
山神	无名，人面鸟身

青要山

又东十里，曰青要之山，实惟帝之密都。是多驾鸟。南望墠（shàn）渚，禹父之所化，是多仆累、蒲卢。䰠（shén）武罗司之，其状人面而豹文，小要而白齿，而穿耳以鐻（jù），其鸣如鸣玉……其中有鸟焉，名曰䳅（yāo），其状如凫，青身而朱目赤尾……有草焉……服之美人色。

——《中山经》

轩辕黄帝的密都

青要山东起黄北岭，西到西大塬，站在山顶往北看，能看到曲曲折折的黄河河道，那里栖息着一群类似野鹅的鸟儿；往南望则能看到一个叫墠渚的小沙洲。这里是黄帝在下界的密都。密都，大概就是行宫、陪都的意思，可能也是黄帝在巡游途中歇脚的地方。这里有数十处龙山，还有无数人类祖先生活过的痕迹，是仰韶文化遗址之一。

女神武罗的贡献

青要山归一位非常美丽的女神武罗掌管，她是青要山的山神，脸上长着豹一样的花纹，牙齿洁白，细腰，戴着耳环，说话的声音像玉佩相互撞击。蚩尤战败身死后，他的余部退守到青要山，继续据险对抗。这些人勇猛彪悍，不肯归降黄帝，是武罗女神用“以柔克刚”的办法，帮助黄帝收服了他们。至今，青要山上还有座叫“和合宫”的庙堂建筑，里面供奉的就是黄帝、炎帝和蚩尤，证明这里是中华民族和合文化的肇始地。

青要山档案

所属山系	中山第三列山系
地理位置	河南洛阳新安县西北
特产动物	䳅、野鹅
特产植物	荀草
发源河流	畛（zhěn）水
相关传说	祝融杀鲧、女神武罗教化蚩尤部落
山神	武罗

鲧化身为黄熊

除了黄帝和武罗女神，与青要山相关的还有一位神话人物，就是大禹的父亲鲧。《山海经·海内经》等书中说鲧担负着治理洪水的责任，为平水患，他私自偷了天界的息壤，天帝对此很生气，派火神祝融杀了鲧。不料，鲧死后的尸体三年没有腐烂，有个天神剖开他的肚子后，竟飞出一条虬龙来。这条龙就是后来的大禹，而鲧的尸体则变成一头黄熊（一说黄龙），跳进了羽渊。而青要山南面的墠渚就是鲧化黄熊处。

物产丰富，气候温和

青要山物产丰富，气候宜人，特别适合女子居住。青要山间生长着一种状如兰草的仙草，名叫荀草，开黄花，结红果。女子吃了这种果实，能气韵丰盈，更加美艳，甚至驻颜不老。向北流入黄河的畛水河畔栖息着一种水鸟，名叫鴢，青身红尾，外形有点像野鸭，不过脚距离尾巴太近，不便于行走，所以常混在野鸭群里游泳。它的肉可让人子孙绵延。

现今的青要山是世界级地质公园，幽谷交错，溪水长流，峦衔峰接，森林茂密，还是娃娃鱼自然保护区，犹如世外桃源。

青要山都有哪些胜景？

今天的青要山是旅游胜地。这里有五大风景区，即联珠峡、双龙峡、青女峰、下河和原始森林。其中，双龙峡由紫红色石砂岩构成，峭壁嶙峋，因相传黄帝曾驾驭两条龙在这里栖息而得名。青女峰则是一处挺拔俏丽的山峰，巅峰处的山石远望好像一个亭亭玉立的少女，相传是降霜仙子青女的化身。此外，青要山上还有城崖地、始祖山、合垴石阵等著名景点。

阳虚山

又东十二里，曰阳虚之山，多金，临于玄扈之水。

——《中山经》

阳虚山档案

所属山系 中部第五列山系薄山系

别称 阳峪

地理位置 河南洛宁西南

特产矿物 金属矿石

附近河流 玄扈水、洛水

相关传说 仓颉造字

山神 不详

仓颉受感造字

阳虚山盛产金属矿石，与玄扈河相邻。远古时期，人类最早靠打绳结来记录各种事情，也就是结绳记事。但时间长了，事情一多，结绳记事就不那么好使了。直到仓颉造了文字，才解决了这种困扰。《河图玉版》中记载，仓颉在成为黄帝的史官之前，自号仓帝，他登阳虚山时，在洛水旁见到一只灵龟负书，遂拜受洛书。龟背上的清晰纹理使他很受启发，他便住在阳虚山上，每天仰观星象，俯察鸟兽足迹、山川形貌等，从中受到启迪，最终在山上的石室里刻下 28 个字。从此，人类就进入了文字时代。

李斯上山辨字

公元前 221 年，秦始皇统一六国，为了更好地统治天下，他又下令统一六国文字和度量衡。丞相李斯接受了这个任务，传说他先来到阳虚山上，辨认当初仓颉创下的 28 个字，结果只认出其中 8 个，剩余 20 个都不认识。这 28 个字经历几千年的岁月，外加人为破坏，渐渐字迹模糊，难以辨认了。直到清朝末年，当地县官在阳虚山下立了石碑，上书“仓圣授书处”，并根据流传的拓本，将 28 字重新刻在碑上，使其流传至今。

龟背之上的洛书

阳虚山下有一条叫玄扈的河，蜿蜒流进洛河。据说，这里就是仓颉见灵龟负书而出的地方。这里风景优美，至今还存有龟窝、龟滩等遗迹。那灵龟背上的“丹甲青文”就是大名鼎鼎的“洛书”。洛书是用 9 个自然数排列成一个包罗万象、奥妙无穷的九宫图，表述天地之间变化脉络，是中国传统文化的源头。

“河图洛书”为什么被称为“宇宙魔方”？

除了洛书，我国古代还有一幅神秘图案，就是河图。河图的“河”指星河、银河，也就是说河图是一幅星图，以排列成数阵的黑点和白点，传达着无穷的信息。它和洛书都源自天上星宿，蕴含着深奥的宇宙星象变化之理，是远古时代人民按照星象排布出的时间、方向和季节的辨别系统，被誉为“宇宙魔方”。

少室山

又东五十里，曰少室之山，百草木成囷（qūn）。其上有木焉，其名曰帝休，叶状如杨，其枝五衢（qú），黄华黑实，服者不怒。其上多玉，其下多铁。休水出焉，而北流注于洛，其中多鯑（tí）鱼，状如盩蜼（zhōuwèi）而长距，足白而对，食者无蛊疾，可以御兵。

——《中山经》

大禹次妻的居所

少室山位于河南登封西北，它侍立于泰（太）室山旁边，与泰（太）室山共同组成中岳嵩山。少室，又称少姨，清朝景日昣《说嵩》中解释说，少姨相传为启母涂山氏之妹。她嫁给了大禹，就住在这座山上。人们在山下建了少姨庙来祭祀她，因为她是大禹的次妻，所以称为“少室”。这座山主峰连天峰，又名摘星楼，为嵩山最高峰。少室山的南面，形状很像古人戴的一种官帽，所以又有“冠山”的称号。

克怒火的帝休和消灾的鯑鱼

少室山中草木成荫，其中有一种叫帝休的树木，它们长得枝繁叶茂，树叶与杨树类似，枝杈相互交叉，开黄色花朵，结黑色的果实。人吃了它的黑果实后就可以平心静气，不恼不怒。休水河从这里发源而出，河水中生活着很多奇怪的鱼，名叫鯑鱼。它们虽然是鱼，但身体像猴子，肚子下面是长长的爪子，有点像公鸡爪，脚是白色的，脚趾也很长。人吃了这种鱼，不仅不会患蛊病，还可避免刀光之灾。

天下武功出少林

坐落于少室山茂密丛林之中的少林寺名动天下，是少室山最著名的世界文化遗产之一。南北朝时期，天竺（今印度）僧人跋陀来到中国弘法，受到北魏孝文帝礼遇，准许他在少室山南麓建立寺庙，这就是少林寺。唐朝初年，因十三少林武僧帮助李世民擒拿王世充而威名远扬。明朝时，少林寺武僧也曾多次参与抗倭行动，保家卫国。明朝灭亡后，不少传承了少林武学精髓的少林弟子分散到五湖四海，因此世称“天下武功出少林”。

少室山还有哪些名胜？

除三十六峰外，少室山上还有不少有名的景观，比如人祖石、茶仙泉、少室晴雪等。人祖石是绝壁上一对好像男女相拥的巨石，民间传说这是伏羲和女娲的化身，当地人常向这对巨石跪拜，祈求婚姻美满和多子多福。茶仙泉则是因唐代“茶仙”卢仝曾隐居于此，以这处清泉烹茶煮茶，并留下了传世名著《茶谱》和《七碗茶诗》而名。少室晴雪实际上是一块非常平整的石头，每当夏季雨后初晴，阳光照在石头上，银白一片，远观就像隆冬白雪，景色可人，因此被称“少室晴雪”。

少室山档案

所属山系	中山第七列山系，嵩山最高峰
地理位置	河南登封市西北
特产动物	鯑鱼
特产植物	帝休
特产矿物	玉石、铁
发源河流	休水
相关神话人物	大禹第二个妻子
山神	人面三头，与泰（太）室山相同

泰室山

又东三十里，曰泰室之山。其上有木焉，叶状如梨而赤理，其名曰栯（yù）木，服者不妒。有草焉，其状如茶（zhú），白华黑实，泽如蘡薁（yīng'ào），其名曰䔄草，服之不眯。上多美石。

——《中山经》

大禹妻产子之地

少室山往东三十里是泰室山，也叫太室山，实际上是中岳嵩山的东峰，是嵩山的主要组成部分。它的名字来源于大禹的妻子涂山氏，就是那位由九尾狐做媒，嫁给大禹的涂山女子女娇。《淮南子》中记载，在大禹治水期间，女娇在泰室山生下了儿子启，人们为了纪念她，便在山下建立了启母庙，称为“太室”。太室，就是正妻的意思。

克制嫉妒的栯木和明目的䔄草

泰室山上有不少拥有“特异功能”的奇花异木。其中有一种树叫栯树，叶子像梨树，树干有红色的纹理，人佩戴上栯树的枝叶，就不会生出嫉妒之心。还有一种草，叫䔄草，形状像苍术或白术，开白色的花朵，结黑色的果实，果实圆润有光泽，好像野葡萄。人吃了它的果实，眼睛就会变得明亮，不昏不花，简直就是治疗眼疾的良药。

泰室三十六峰

泰室山层峦叠嶂，著名的三十六峰构成了嵩山的“半壁江山”，峻极峰是其最高峰，又称华盖峰，高达1490多米，登上这里环顾四周，近山侍立，黄河如带。唐皇武则天和清皇乾隆帝都曾在这座山峰上立过碑。端正圆整的黄盖峰在《嵩岳志》中有记载，是当年汉武帝巡游此处，见一大片黄云盖在这座峰顶，因此命名，山峰之上有后人修筑的黄盖亭。与松涛峰隔铁链峡相望的是三鹤峰，相传道教仙人李八百（据说活了八百岁）在这里炼丹时，常看到有三只白鹤飞翔于峰顶。除此之外，其他诸峰也多有典故和特色，山峰之间云岚瞬息万变，美不胜收，引得李白、白居易等许多文人墨客留下了众多优美的诗篇。

启是如何出生的？

关于启的出生，也有一个离奇的传说。《淮南子》中记载，禹在嵩山一带治水时，化身为巨熊开山劈石。女娇来给他送饭，正好看到变成巨熊的禹，一害怕扭头就逃，禹急于解释，忘了变回原来的样子就去追，越追女娇越怕，她逃到泰室山下时慌乱之中变成了巨石。禹非常心痛，想到妻子还怀着身孕，便冲着巨石喊：“还我儿子！”巨石应声而裂，他的儿子启从里面跳了出来。

泰室山档案

- **所属山系** 中山第七列山系嵩山之东峰
- **地理位置** 河南登封西北
- **特产植物** 栯木、䔄草
- **特产矿物** 美石
- **相关神话人物** 大禹之妻涂山氏
- **山神** 无名，人面三头（地位高）

嵩阳书院都有哪些名人来讲过学？

我国古代有四大书院，其中著名的嵩阳书院就在泰室山上。嵩阳书院最早建于北魏时期，那时还叫嵩阳寺，是佛教活动场所。宋朝时，这里才正式更名为嵩阳书院，成为大儒们传道授业的场所。据记载，范仲淹、司马光、程颐、程颢等先贤都曾在这里讲过学，使得嵩阳书院名扬天下，成为宋代书院的“大哥大”，它也是宋代理学的发源地之一。

首阳山

中次十经之首，曰首阳之山，其上多金玉，无草木。

——《中山经》

偃师首阳山

首阳山位列中央第十列山系之首，山上不长草木，却蕴藏着丰富的金属矿物和精美的玉石。目前大多数人认为的首阳山是在河南洛阳偃师境内，是邙山的最高峰，取“日出之初，光必先及”之意。偃师西北为孟津，武王伐纣会诸侯于盟（孟）津，大军从此地出发。在首阳山北坡下的孟津区扣马村尚有遗迹可考。这一带北枕邙山，南望伊、洛，依山临水，为墓葬理想之地。因此，曹魏帝后之陵多选在这一带。

首阳山档案

所属山系	中山第十列山系
特产矿物	金属矿物和玉石
相关人物	伯夷、叔齐
山神	无名，人面龙身

伯夷、叔齐殉节之地

首阳山之所以出名，还要从商朝末年的两位贤人说起。他们是兄弟两人，一个叫伯夷，一个叫叔齐，本都是孤竹国（商王室的诸侯国）的公子。他们的父亲生前让叔齐继承君位，父亲死后，叔齐觉得哥哥伯夷身为长子理应继位，哥哥不愿违背父亲遗愿就拒绝了，结果兄弟俩都离开了。兄弟俩听说周部落的西伯侯（即周文王）很贤德，便去了那里。中途遇到周武王起兵伐商纣王，兄弟俩觉得不合礼制拦马劝谏，未能成功便往西走到首阳山隐居起来。这时，商朝已亡，兄弟俩立志不吃周王朝的粮食，只采集山上的薇菜充饥。最终，两人饿死在首阳山，就葬在了那里。首阳山也因为二人的忠义而成为天下名山。

首阳山的考证说

青史留名的首阳山，因《史记》没有明说其地，后人对此颇有分歧。第一种说法依南朝宋裴骃《史记集解》，认为首阳山在今日山西永济，又名雷首山；第二种说法依唐代李吉甫《元和郡县图志》记载，认为在今河南洛阳偃师；第三种说法依《史记正义》，认为首阳山在今甘肃渭源；第四种说法依《说文》，认为首阳山在今河北卢龙。此外，还有陕西周至、山东昌乐和山西晋中榆次之说。

大汉将军马武跟首阳山有什么关系？

甘肃渭源的首阳山又称莲峰山（山形如莲花）、马武山。马武是东汉初年的捕虏将军，他追随光武帝刘秀南征北战，战功累累。据史书记载，这位马将军在征讨西羌时，曾把军队驻扎在首阳山上。山腰间有一棵千年古松，粗到好几个人才能合抱过来，相传他常把鞭子挂在这棵树上，这里也因此又称“马武山”。

洞庭山

又东南一百二十里，曰洞庭之山，其上多黄金，其下多银铁，其木多柤梨橘櫾（yóu），其草多葌（jiān）蘼芜（míwú）芍药芎䓖（qióng）。帝之二女居之，是常游于江渊。澧沅之风，交潇湘之渊，是在九江之间，出入必以飘风暴雨。是多怪神，状如人而载蛇，左右手操蛇。多怪鸟。

——《中山经》

洞庭山档案

所属山系	中山第十二列山系
地理位置	约今湖南华容附近
特产植物	蘼芜、芍药、橘等
特产矿物	黄金、白银和铁
居住怪神	天帝之女、操蛇怪神
山神	无名，龙头鸟身

矿藏丰富、植被茂盛的宝山

《山海经》中记载的洞庭山，大概在今湖南华容附近，距离洞庭湖不远。这可是一座宝山，不但盛产金矿、银矿和铁矿，而且植被也丰富多彩，到处郁郁葱葱，仅果树就有山楂、橘子、梨和柚子树等，一到秋天，满山硕果累累。林间还生长有各种花草，比如葌（兰草）、芍药、蘼芜（一种香草）。还有一种草药芎䓖，具有活血化瘀、祛风止痛的作用。

携风带雨的天帝之女

洞庭山之所以出名，是因为山上住着两位天帝的女儿。姐妹俩经常到长江的深处游玩，乘着澧水和沅水的清风，在湘水和潇水的渊潭里畅游，往来于九条江水之间。每次她们出行，都会有风雨相伴。这两位天女，就是尧帝的女儿娥皇和女英。后来，她们都嫁给了舜。舜帝在巡察南方时突然病故，姐妹俩痛不欲生，自溺于湘江，成为后人信奉的湘江女神。

湘妃竹是怎么来的？

湘妃竹，又叫斑竹，产于湖南、江西、河南、浙江等地，特点是竹竿上布满了紫褐色斑点和斑块。相传，这种竹子的来历与娥皇、女英有关。舜死后，娥皇、女英非常伤心，眼泪不断涌出来，洒在山野的竹子上，就形成了斑斑点点的美丽斑纹。因二人死后被称为“湘夫人”，这种竹子也就被称为“湘妃竹”了。

操蛇的怪神和怪鸟

除了天帝的女儿，洞庭山上还住着许多奇怪的神。这些神的外貌和普通人相似，但极喜欢操控蛇，不仅身上缠绕着蛇，两只手上也握着蛇，走到哪里，都不忘带上蛇。总之，就是蛇不离身。此外，山上的丛林中还栖息着许多怪鸟，至于怪鸟的形貌，书中没有详细记载，我们也就无从得知了。

洞庭山在中国有几座？

其实，现在洞庭湖中的君山，曾经也叫洞庭山，洞庭湖就是因它而得名的。此山风景秀丽，流传着许多神话故事。后来因娥皇、女英葬在这里，而改名君山。如今，在江苏苏州的太湖东南部也有洞庭山，这是两座山，分为东洞庭和西洞庭。西洞庭又有洞山和庭山，合称洞庭山。而东洞庭山因在西洞庭的东面而得名，旧名曾叫莫厘山。苏州的洞庭山是我国著名的风景区，也是名茶碧螺春的原产地。

蓬莱山

蓬莱山在海中。

——《海内北经》

传说中的第一仙山

在我国神话传说中，蓬莱山可是最有名的仙山、神山。一说到“蓬莱”，人们想到的便是“仙境”，那是仙人居住的地方。蓬莱山在大海之中，按典籍记载，蓬莱山应在渤海之东。《史记》中说渤海东面有三座神山，一座叫方丈，一座叫瀛洲，另一座就是蓬莱。三座仙山上有诸位神仙和不死之药，上有用黄金和白银筑成的宫殿，禽鸟和野兽都是白色的，山上还到处生长着仙树，树上结的果子，吃了可以长生不老。

蓬莱山档案

所属山系	不详
别名	蓬壶、蓬丘
地理位置	海上，具体不详
传说地位	仙山、神山
相关传说	长生不老

徐福渡海求仙药

中国文化中“仙人”概念形成于秦至西汉前期。秦始皇统一六国后，醉心追求江山永固、长生不老，便派人四处去寻找仙药。其中有个叫徐福的方士，就领命带了好几千童男童女，坐船东渡大海，去寻找蓬莱仙山。据说，徐福的船队先后出海两次，以第二次规模最大，带的人和物资也多，但这次他们出海后，就再也没有回来。秦始皇想求仙药的美梦也落空了。

汉武帝筑“蓬莱城”

其实，不只秦始皇想寻蓬莱山，后来的汉武帝也曾寻过。据记载，汉武帝东巡到海边，有人说蓬莱山就在海中不远处，但就是找不到，也到不了。汉武帝眼巴巴地在海边望了很久，也没望到那蓬莱仙山的影子。他很不甘心，便让人建了一座小城，取名“蓬莱”。清代的《蓬莱县志》上有记载，蓬莱旧城的鼓楼前身，曾叫“望仙”，据说就是当年汉武帝登临望海的地方。

蓬莱山名字的传说是什么样的？

传说，秦始皇为求长生不死药，就来大海边寻找神山。只见海天一色，波澜壮阔，最远处尽头有一片红光浮动，他便问随行的方士是什么，方士张口就说：“那就是仙岛。”秦始皇很是高兴，紧接着就问：“这仙岛叫什么名字呢？”方士哪里知道？他原本不过是想糊弄过去算了，但眼下不回答又不行，转眼见到随海浪漂浮而来的水草，灵机一动，就说“蓬莱”。他的本意是指“蓬草蒿莱”，就是指野草或杂草，不意却造就了一个流传千古的神山之名。

不咸山

大荒之中，有山，名曰不咸。有肃慎氏之国。有蜚蛭，四翼。有虫，兽首蛇身，名曰琴虫。有人名曰大人。有大人之国，釐姓，黍食。有大青蛇，黄头，食麈（zhǔ）。有榆山。有鲧攻程州之山。

——《大荒北经》

肃慎国民的栖息地

大荒之中有座不咸山，不咸山附近有个肃慎国。这个肃慎国的国民可不一般，他们都是神箭手，会制造力道很强的大弓，平时都住在洞穴里，靠打猎为生，靠石头磨成的箭头就能将猎物杀死。不过，他们不会纺织，也不太会做衣服，靠穿猪皮和树皮来御寒。山中有一种树叫雄常树，肃慎国民把这种树的树皮剥下来围在身上，就当衣服了。

不咸山档案

所属山系	不详
别名	长白山
地理位置	大荒之中
传说地位	仙山
附近居民	肃慎国民
相关民族	女真族
山神	不详

？长白山天池为什么被称为海拔最高的火山“明珠”？

长白山是一座休眠火山，山上最著名的景点就是天池了。天池由火山口积水而成，被16座山峰环绕，海拔高达2180多米，是世界上最高的火山湖。这里的水夏天比天还蓝，冬天结冰后比雪还白，整个湖如一颗明珠镶嵌在群峰之间，是长白山上最美的风景。而且，天池很深，蓄水量大，是好几条河流的发源地。其中的两座山峰之间还有一道池水流出，形成著名的长白飞瀑，是松花江的源头。

不咸山的概况

不咸山上生长着一种会飞的蜚蛭，长着四只翅膀。还有一种被称为琴虫的蛇，它长着野兽的脑袋，却保留着蛇的身子，发出的声音类如琴声。这里有一种奇特的人，就叫“大人”。还有一群身材高大的人，生活在一起组成大人国，所有的人都姓釐，以黄米为食。有一种大青蛇也生活在这里，长着黄色的脑袋，能吞食驼鹿之类的野兽。

有座榆山，还有一座鲧攻程州山。

女真族的圣山——长白山

今吉林省境内的长白山古称不咸山，它的主峰上常年有积雪，还有很多白色的浮石，因此得名，素有“千年积雪万年松，直上人间第一峰”之誉。它是中国东方诸山之祖，松花江发源于其北，鸭绿江发源于其西，图们江发源于其东。古时候，曾有不少民族生活在长白山一带，除了肃慎，还有扶余、鲜卑、高句丽等。在这些民族心中，长白山就是一座仙山、神山，宋时崛起的女真族建立金国后，更是将长白山作为发祥地顶礼膜拜。清朝时，皇帝们曾多次到这里祭祀山神和祖先。

不咸山的地理位置在哪里？

虽然传统上认为，不咸山就是长白山，但也有人考证认为不咸山可能在乌苏里江和黑龙江的交汇处。据《后汉书》和《三国志》记载，肃慎族的后人挹娄（yìlóu）族大概生活在乌苏里江中下游以北地区，据此推测，不咸山也可能是如今远东地区锡霍特山中段的最高峰。因为这一带古时曾有一片湿地，适合渔猎，山上还独有一种桦树，树皮能做衣服，这些都符合古籍中对挹娄人生活环境的记载。

山海经
神话录

《读山海经十三首·其十》

精卫衔微木，将以填沧海。
刑天舞干戚，猛志固常在。
同物既无虑，化去不复悔。
徒设在昔心，良辰讵可待！

——东晋·陶渊明

后稷教种百谷

又西三百二十里，曰槐江之山。……西望大泽，后稷所潜也；其中多玉，其阴多榣木之有若。

——《西山经》

有西周之国，姬姓，食谷。有人方耕，名曰叔均。帝俊生后稷，稷降以百谷。稷之弟曰台玺，生叔均。叔均是代其父及稷播百谷，始作耕。

——《大荒西经》

后稷档案

本名 姬弃

身份 农神、周朝祖先

父亲 帝喾（kù）

母亲 姜嫄

兄弟 挚、契、尧、台玺

主要成就 辅佐大禹，教民种植与收割五谷

在槐江山的西面，有一片大的湖泽，那里埋葬着农神后稷。后稷是黄帝的后裔，姬姓，名弃，父亲是帝喾。相传，他的母亲在外出时踏到一个巨人脚印，之后就生下了后稷，取名为弃，是他把各种谷物的种子从天上带到下界的。

《诗经》中说他从小就喜欢种麻和菽（shū，豆类），长大后对土地和农作物都了如指掌，能很快分辨出一块地适合种什么，并把自己发明的种植方法教给部落里的人们。帝尧听说后，就请弃做了农师，专门掌管农业生产。于是，弃就带领更多的人一起劳作，广泛推广自己的种植技术。他还种出了黍（黄米）、麦、豆等新作物，不仅让人们有了更多食物可吃，还让人们穿上了用麻纤维做的衣服。

到了帝舜做部落联盟首领的时候，帝舜将弃封在有邰氏部落周围的地区，号称“后稷”，后世尊称他为“稷王”，或者“谷神”“农神”。后稷的侄子叔均，继承并发展了家族天赋，创造了耕田的方法。他们的子孙在自己的封地上世代生活下去，渐渐形成了周部落。

姜嫄

上古时期有邰氏部落的女儿。相传，她踏巨人脚印而生了后稷，以为不详，曾三次将孩子丢弃，但路过的鸟兽每次都主动保护这个孩子，于是她就把这个孩子抱回来好好抚养，取名为弃。

西王母的传说

又西三百五十里，曰玉山，是西王母所居也。西王母其状如人，豹尾虎齿而善啸，蓬发戴胜，是司天之厉及五残。

——《西山经》

西王母梯几而戴胜杖，其南有三青鸟，为西王母取食。在昆仑虚北。

——《海内北经》

有人，戴胜，虎齿，有豹尾，穴处，名曰西王母。

——《大荒西经》

西王母档案

地位 女仙之首

别称 王母娘娘、瑶池金母等

居住地 昆仑山

对应男仙 东王公

座下使者 三青鸟、三足乌、九尾狐等

主要职责 掌管灾厉刑罚、不死药、婚育，保护妇女等

在《西游记》中，天上的王母娘娘有一片蟠桃园，她的蟠桃可不一般，六千年一熟的吃了能长生不老，九千年一熟的吃了能与天地同寿，与日月同庚。孙悟空就是因为职位卑微没能参加蟠桃会，一气之下才大闹蟠桃会的。

王母娘娘最早被人称为西王母。不过，在《山海经》的记载中，西王母可没《西游记》里那么高雅，她虽然头发上戴着玉饰，却长着豹子的尾巴和老虎的牙齿，动不动就像猛兽一样高声长啸。此时的西王母，只是一位主管人间灾难和刑杀的山神。

先秦至两汉时，西王母从上古凶神变为掌握长生不死之药的女神，晋时变成道家全能的神、所有女仙之首，掌管昆仑仙岛。明清时，西王母的神格进一步提升，成为凌驾于诸神之上的至上神。

民间关于西王母的传说不可胜数。如嫦娥吃了西王母送给后羿的不死药，飞升月亮之上；西周时周穆王曾驾驭八匹骏马巡游天下，来到昆仑山瑶池边，受到西王母的热情招待；西汉时汉武帝还曾吃到西王母的一个三千年一熟的蟠桃。

东王公

又称木公，汉末时被认为是西王母的丈夫。东王公是道教里主管男仙的神仙，凡学道升仙的人，先拜见东王公，再拜见西王母。

三足乌

传说中驾驭日车的神鸟，有三只脚，又称三足金乌。人们认为它住在太阳中，所以太阳的别称也叫“金乌”。

少昊打造凤帝国

又西二百里，曰长留之山，其神白帝少昊居之。其兽皆文尾，其鸟皆文首。是多文玉石。实惟员神磈（wěi）氏之宫。是神也，主司反景。

——《西山经》

少昊档案

本名　姬挚（又名玄嚣）

别称　金天氏、青阳氏

地位　五方天帝之白帝、华夏共祖之一

父母　黄帝和嫘祖

图腾　玄鸟、凤凰

主要成就　发展了凤文化；为华夏文明奠定了基础

在《史记》中，少昊是黄帝的长子，母亲是嫘祖。传说，他诞生的时候，天空飞来五只美丽的凤凰，颜色各不相同，它们就落在少昊家的院子里。他即位为新的部落联盟首领那天，又有凤鸟飞来庆贺，少昊从此把部落图腾由玄鸟（燕子）改为凤凰。少昊年少时曾被黄帝送到上古三大部落集团之一的东夷联盟历练，在那里，他娶了凤鸿氏之女为妻，成为凤鸿部落的首领，后又成为整个东夷部落的首领。

依《左传》中少昊后裔郯（tán）子所讲，少昊做了天下共主后，将统领的所有部族都以鸟名命名，有鸿鸟氏、凤鸟氏、玄鸟氏、青鸟氏等，并建立了一套以百鸟为百官的制度。他让凤凰总管百鸟，然后给各鸟做了具体的分工。由燕子、伯劳、鹦雀和锦鸡分别掌管四季；由鸷鸟掌管军事，雄鹰掌管法律，鸫鸪掌管教育，布谷鸟掌管建筑，斑鸠则掌管言论。另外，还有九种扈（hù）鸟掌管农业，五种野鸡掌管木工、漆工、陶工、染工、皮工等五个工种。

少昊统治时期是华夏凤文化的繁荣发展时期。凤文化成为我国传统文化的一个重要部分，就是从那时候开始的。

五方天帝

《礼记·月令》中记，五方天帝是统治东、南、西、北和中央的五位天神：东方青帝太昊（伏羲）、南方赤帝炎帝、西方白帝少昊、北方玄帝颛顼和中央黄帝轩辕。

玄鸟

传说中的神鸟，形貌有点像燕子。玄鸟不仅是少昊的图腾，也被认为是后来商族的祖先。

精卫填海

有鸟焉，其状如乌，文首、白喙、赤足，名曰精卫，其鸣自詨（xiāo）。是炎帝之少女名曰女娃。女娃游于东海，溺而不返，故为精卫，常衔西山之木石，以堙（yīn）于东海。

——《北山经》

精卫档案

- **别称** 女娃、誓鸟、帝女雀
- **父亲** 太阳神炎帝
- **姐姐** 赤帝女、瑶姬
- **一生志向** 衔石填海
- **象征** 执着、志坚、坚韧、无畏

炎帝

华夏族的祖先之一，也称神农氏，相传牛首人身，亲尝百草，用草药给人们治病。他还教百姓们开垦荒地，种植农作物，制作陶器，开辟集市等。

白鹊

炎帝之女，女娃的姐姐，住在帝女桑上，为了求仙自愿变成了鸟儿，后来升天成仙。

瑶姬

炎帝之女，女娃的姐姐，就是大名鼎鼎的巫山神女。她死后葬在巫山，精魂依附在灵芝仙草上，修炼为巫山的神女。

太行山支脉中有一座山叫发鸠山，山中有一种神鸟，名叫精卫。精卫长得跟普通的乌鸦有点像，不过头部的羽毛带有花纹，嘴巴是白色的，爪子则是红色的。它叫起来就像在喊自己的名字。

精卫鸟原来是炎帝的小女儿，名叫女娃。女娃活泼可爱，聪慧伶俐，喜欢到东海边游玩。可是有一天，她在东海中游泳，竟然溺水而死。女娃死后，她的灵魂变成了精卫鸟。一想到自己小小年纪就葬身海底，非常悲愤，也很不甘心。于是她发誓报仇，天天到西山叼来树枝和石子，投到东海里，想把大海填平。

精卫每天在西山与大海之间飞翔着，鸣叫着，就这样衔啊，扔啊，一年又一年，从不停息。人们被精卫这种誓死不屈、坚韧无畏的精神所感动，在东海边修了“精卫誓水处”来纪念她，并把精卫称为“誓鸟”或“帝女雀”。

帝女升天记

又东五十里，曰宣山。沦水出焉，东南流注于视水，其中多蛟。其上有桑焉，大五十尺，其枝四衢（qú），其叶大尺余，赤理黄华青柎，名曰帝女之桑。

——《中山经》

在中央大地的山系中有一座山，叫宣山。沦水从这里流出，向东南注入多蛟龙的视水河。山中的桑树，最粗的树干有五十尺，最大的叶子有一尺多长，树干上布满了红色的纹理，十分醒目。每当开花的时候，黄色的花朵在青色花萼的衬托下，显得耀眼夺目。这种桑树就叫帝女桑。

《太平御览》记载，赤帝（又称炎帝）的二女儿，也就是女娃的姐姐，一心向往仙道，于是向神仙赤松子学习仙法。后来，她果真修炼成仙，变成一只白鹊，栖身在宣山的一棵桑树上。她叼来柴草和树枝，忙了十五天，给自己做了巢穴。之后，她一会儿变成白鹊，一会儿又变回真身，流连在桑树周围。

赤帝不忍见女儿这个样子，要她跟自己回家。但无论他用什么办法，女儿都不肯回去。赤帝一气之下，就在树下放了一把大火，想烧掉桑树，逼女儿回家。没想到，这一把火并没有逼下女儿，反而让她在烈焰焚烧中升天而去了。这种桑树从此以后就被称为帝女桑。

赤松子

传说中的上古仙人，能随风雨上下玩耍，跳入火中焚烧也不会受伤。炎帝的女儿拜他为师，后也成仙。

白鹊档案

身份	赤帝（炎帝）之女
栖身地	宣山上的桑树
师父	赤松子
一生走向	修仙
得道方式	火烧桑树而升天

宣山

清代毕沅说宣山在今河南驻马店市泌阳县界，泌阳县西汉时设比阳、舞阴二县，均隶属南阳郡，宣山就是崿山。《广异记》中在讲这个故事时，说帝女学道得仙时在南阳崿山桑树上。

守夜的夜游神

有神人二八，连臂，为帝司夜于此野。在羽民东。其为人小颊赤肩。尽十六人。

——《海外南经》

在南方的荒野中，羽民国的东面，有十六位神人，他们小脸颊、红肩膀，为天帝守夜时臂膀两两相连，挽手而立。一到白天就隐身不见，只有晚上才出来，所以被称为“夜游神”。

后来，夜游神又称夜游巡，变成夜晚巡行之神，与日游神轮值，监督人间的善恶。而且数量也渐渐变少，最终变成了一位惩恶扬善的神。他在巡夜时会把看到的人间冤屈汇报给天帝，让坏人受到惩罚，正义得到伸张。

清朝，夜游神在传说中变成了身材高达数丈的凶神，能以恶制恶，镇压各种恶鬼。但普通人如果不小心撞到了夜游神，运气也会变差。现在，人们常用“夜游神”指喜欢夜间在外四处游荡之人。

夜游神档案

身份 司夜之神

居住地 羽民国之东

人数 十六

外貌特征 小脸颊、红肩膀，手挽手

职能 为天帝守夜

日游神

负责在白天四处巡游，监察人间善恶的神。传说，他与夜游神日夜轮流值守，在白天四处游荡。现在人们用它指四处奔走钻营的人。

天帝

神话传说中的最高主宰，是统治诸天万界的帝王。上古时期，部落联盟首领被尊为天帝，如伏羲、黄帝、颛顼、帝喾等都曾被后世尊称为天帝。

羿杀恶兽

羿与凿齿战于寿华之野，羿射杀之。在昆仑虚东。羿持弓矢，凿齿持盾。一曰戈。

——《海外南经》

帝俊赐羿彤弓素矰（zēng），以扶下国，羿是始去恤下地之百艰。

——《海内经》

羿档案

别称 箭神

隶属 帝俊的臣子

特殊技能 箭术高超

主要事迹 射日、杀恶兽、败黄河水伯救洛神

封神 宗布神

羿是东夷民族的主神，又称夷羿，与夏代的有穷后羿是两个人。天帝帝俊（帝喾）曾赏赐给羿红色的神弓和白色的羽箭，让他用高超的箭术去扶助下界各地的百姓，救济世间人们的贫苦。十个太阳跑到天上作乱时，羿就挺身而出，一连射下九个太阳，解了人间之难。

大地干旱、民不聊生时，四方出现了很多趁机作乱的凶怪恶兽。羿不畏艰险，一一除去了那些恶名远播的凶兽。在《淮南子·本经训》中，龙首蛇身的窫窳、长牙持盾的凿齿、九头婴啼的九婴、性极凶悍的大风、双头猪怪封狶、青首黑身的修蛇皆为羿所射杀。《山海经》里提到了羿与凿齿的战斗。凿齿居住在南部沼泽地带，长着像凿子一样的长牙，手中持有盾或戈。与羿大战时，凿齿就用大牙齿作为主要武器，羿用剑砍断了他的盾牌后，凿齿转身就逃，羿不慌不忙拉开神弓，一箭射出，凿齿应声而倒。

祝融击石生火

南祝融，兽身人面，乘两龙。

——《海外南经》

炎帝之妻，赤水之子听訞（yāo）生炎居，炎居生节并，节并生戏器，戏器生祝融，祝融降处于江水，生共工。

——《海内经》

祝融，是传说中的火神，炎帝后裔。人面兽身的祝融，出行都乘坐两条龙，很是威风。《海内经》中祝融听天帝之命杀鲧，《墨子》中祝融受命下界助周灭商，至于他跟共工大战致使不周山倒塌的传奇更是广为人知。

实际上，祝融是一个官名，是三皇五帝时期的火正，火正就是掌管火的官。据《史记》记载，他是楚人的祖先。传说中，曾做过祝融的有容光、重黎和吴回等人，因为他们都鼎鼎有名，人们就把他们的事迹混在一起传播。在有关南岳衡山的传说中，上古时期虽然有燧人氏发明了钻木取火，但人们还不太懂得怎么保存火种。一次部落进行大迁徙，暴

祝融档案

地位 火神

属性 兵部官名

做过祝融的人 容光、重黎、吴回等

主要事迹 击石生火、大战共工等

职务演变 祝融—司马—兵部尚书

著名后裔 楚国王族

三皇五帝

“三皇”与“五帝”的合称，都是部落联盟首领。三皇一般指伏羲、燧人氏和神农氏；五帝一般指黄帝、颛顼、帝喾、尧和舜，其中后四帝都是黄帝的后世子孙。

雨和山洪之中，躲进洞穴的族人急需生火取暖、做饭，但随身携带的木柴都湿了，怎么钻也打不着火。祝融担心大家生病，情急之下把手里的石头扔了，不料飞出的石头击中了石壁，竟然有火花溅了出来。他灵机一动，改用两块石头相互击打，很快就打出了火星，点燃了晒干的芦花。从此，击石生火使人类文明的发展又前进了一大步。

尧在位时，将祝融这个官名改为了司马，商周时司马掌军政和军赋，隋唐以后为兵部尚书的别称。

吴回

颛顼的曾孙，老童之子。哥哥重黎被杀后，接替了火正之位，成为民间信仰的火神或灶神。吴回的后代就是后来的“祝融八姓”。

燧人氏

上古时期燧明国首领。他发明了钻木取火，教人类用火照明、烹熟食物等，开创了火文明，被后世奉为“火祖”。

刑天舞干戚

刑天与帝至此争神，帝断其首，葬之常羊之山，乃以乳为目，以脐为口，操干戚以舞。

——《海外西经》

刑天档案

身份 炎帝大将，无头天神

别称 刑天

形象特点 以身体为脸，双乳为目，肚脐为口

一生志向 打败黄帝

象征 不屈不挠、斗志永存

干和戚

两种武器。干指盾，一种防御性武器。戚为长柄的斧头，一种攻击性武器。

传说中，蚩尤与夸父败亡后，引发了一位勇士的愤怒，他就是刑天。

刑天一开始没有名字，是一位无名巨人。《路史》中说，他原是炎帝的文臣，曾受命作《扶犁》之乐，制《丰年》之咏。阪泉之战中，炎帝战败后，就带领族人和黄帝部落融合，炎黄部落形成。而刑天一直对自己的部落输给黄帝耿耿于怀，蚩尤起兵时他本欲参战，被炎帝制止。当听说蚩尤战败被杀后，他再也压制不住内心的愤怒，拿起武器去找黄帝，要与之战斗。然而，刑天并不是黄帝的对手。一番厮杀后，他被黄帝用轩辕剑砍了头。为了防止他复活，黄帝把他的头埋在了常羊山（一说仇池山）。但失去头颅的刑天并没有屈服，他以双乳为眼睛，以肚脐为嘴巴，继续挥舞着手中的武器盾牌和斧子，与黄帝战斗。从此，刑天就成了一位以身体为脸的天神，名字原意就是“断首”。

现在，人们将“刑天舞干戚”的形象以舞蹈的形式保留下来，用来赞扬那种永不妥协、不屈不挠的战斗精神。

大禹杀相柳

共工之臣曰相柳氏，九首，以食于九山。相柳之所抵，厥为泽溪。禹杀相柳，其血腥，不可以树五谷种。

——《海外北经》

共工之臣名曰相繇（yáo），九首蛇身，自环，食于九土。其所歍（wū）所尼，即为源泽，不辛乃苦，百兽莫能处。禹湮（yān）洪水，杀相繇，其血腥臭，不可生谷，其地多水，不可居也。禹湮之，三仞三沮，乃以为池，群帝因是以为台。在昆仑之北。

——《大荒北经》

相柳档案

别称	相繇
属性	凶神
上司	共工
形貌特征	九个头，蛇身
特殊技能	化地为沼泽
主要劣迹	破坏治水
结局	被大禹所杀

共工手下有一名臣子，名相柳，又称相繇。相柳可是一位恐怖的凶神恶煞，它长着九个脑袋，头下拖着长长的蛇样身体。九个脑袋十分巨大，能盘绕成一团，霸占着九座山觅食。凡是他气息所停留的地方，均会形成寸草不生的大沼泽，散发着辛辣或者很苦的味道，百兽都不能在这里生活。

作为共工的下属，相柳在大禹治水期间，捣了很多乱。据说，他到处搞破坏，吃江河堤坝上的土，使洪水更加泛滥。眼见大家辛苦得来的治水成果被无端破坏，大禹忍无可忍，与相柳展开一场大战，最终运用神力杀死了相柳这个九头怪。可是，相柳死后，尸身巨大无比，化成的血水更是腥臭熏天，污染了土地，任何庄稼都无法生长。而且，一旦用土把埋相柳的地方填塞住，它就会自动塌陷，一连几次之后，大禹就让人干脆把这地方挖成一个干净幽雅的大水池，并用挖出来的土修了五座高台，供诸帝居住，称为“诸帝之台”。

共工怒撞不周山

不敢北射，畏共工之台。台在其东。台四方，隅有一蛇，虎色，首冲南方。

——《海外北经》

有系昆之山者，有共工之台，射者不敢北乡。

——《大荒北经》

共工是上古天神，是炎帝的后裔，火神祝融的儿子。少昊传位于颛顼后，脾性暴躁的共工就很不服气。共工是水神，有着人的面孔和蛇的身体，有着强大的法力，能控制洪水。传说中，人们把发明筑堤蓄水办法的功劳归于他，认为正是这样，他的部落才越来越强大。

《淮南子》中记载，共工要与颛顼争夺首领之位，就带领自己的部落与之展开了争斗。然而，他最终没能获胜，一怒之下就撞向了不周山。他却不知，不周山是支撑天的一根支柱，不周山倒，天空向西北倾斜，大地向东南塌陷，江河湖海均流向东南。这就有了女娲补天、大禹治水的后续故事。共工被杀后葬于昆仑东北方，那里修建了一座四方形的“共工台”，每角都盘踞着一条面朝南方的虎斑蛇。出于对他神力和勇敢的敬畏，射箭的人都不敢面向共工台所处的北方射箭。

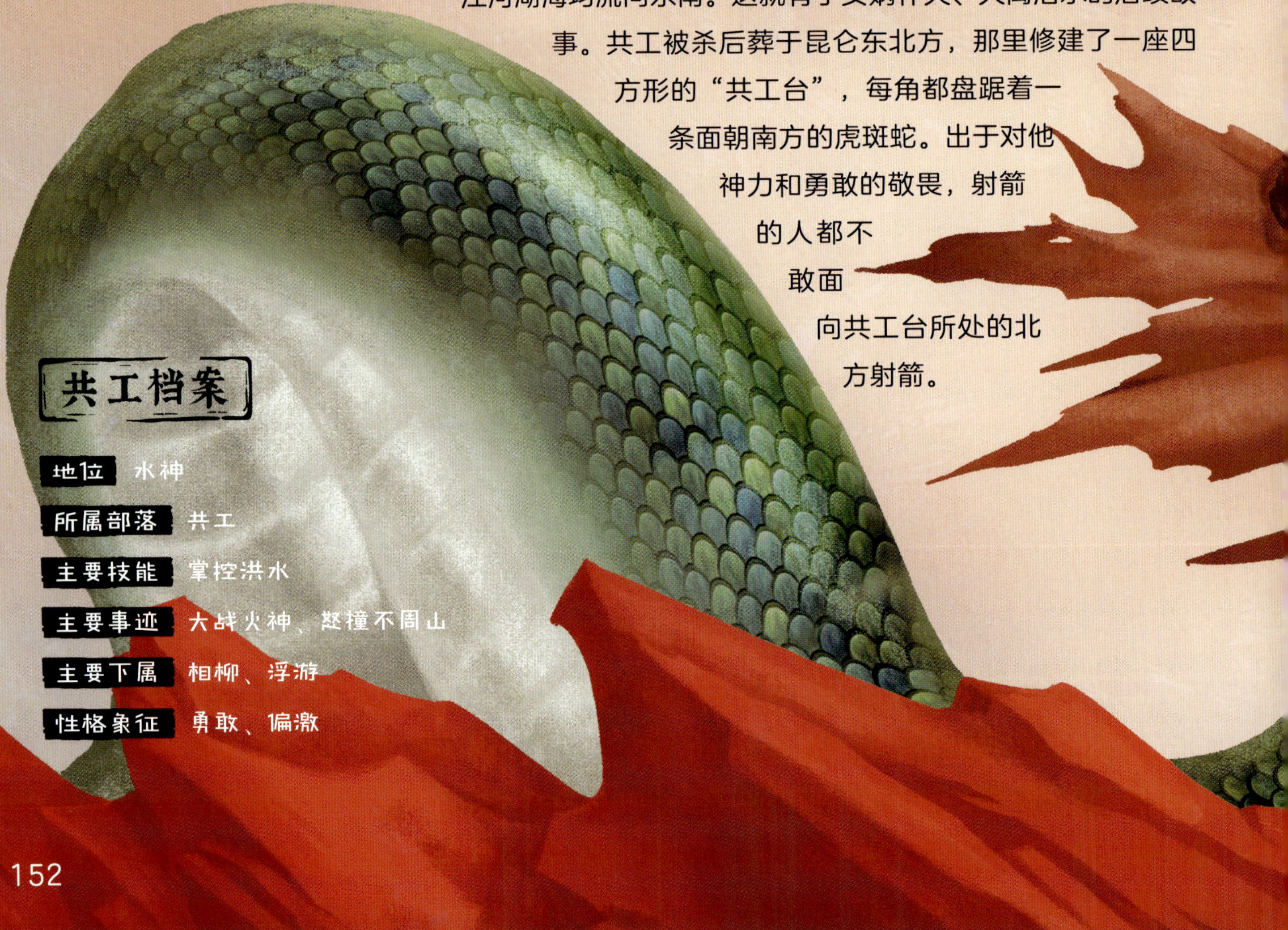

共工档案

地位 水神

所属部落 共工

主要技能 掌控洪水

主要事迹 大战火神、怒撞不周山

主要下属 相柳、浮游

性格象征 勇敢、偏激

颛顼

部落联盟首领，也是“五帝”之一。传说少昊在位时，他曾辅佐少昊，立下功勋。少昊去世后，他继任为天下共主，称高阳氏，迁都商丘，在位七十八年。

浮游

传说中共工的大臣，长得凶神恶煞，能看透人的心思，从而对人施加蛊惑。共工与颛顼争斗失败后，浮游自杀，变成一头红色的熊，为害人间。

夸父逐日

夸父与日逐走，入日。渴欲得饮，饮于河渭；河渭不足，北饮大泽。未至，道渴而死。弃其杖，化为邓林。

——《海外北经》

大荒之中，有山名曰成都载天。有人珥两黄蛇，把两黄蛇，名曰夸父。后土生信，信生夸父。夸父不量力，欲追日景，逮之于禺谷。将饮河而不足也，将走大泽，未至，死于此。

——《大荒北经》

后土

传说中主宰土地、孕育万物的大地之母。民间常为她修建神庙，尊称为“后土娘娘”。此外，水神共工的儿子句龙也称后土，后来被民间尊奉为灶神。

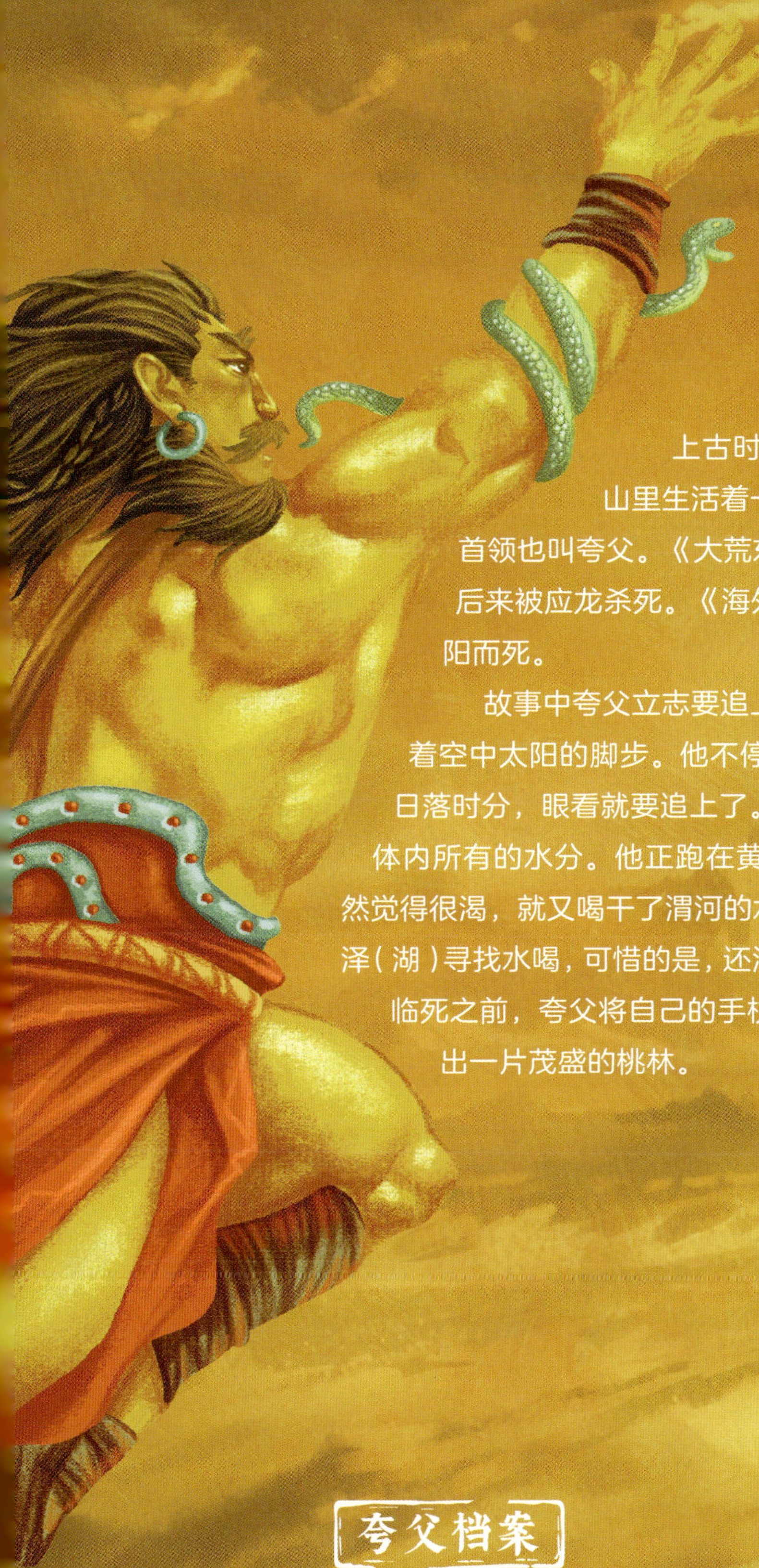

上古时期，在北方有一座巍峨的大山，叫成都载天。山里生活着一个巨人族，叫夸父族。夸父族是后土的子孙，首领也叫夸父。《大荒东经》里说夸父曾带领族人帮助蚩尤对战黄帝，后来被应龙杀死。《海外北经》和《大荒北经》里则说夸父为了追赶太阳而死。

故事中夸父立志要追上太阳，他从东海边起跑，像风一样不停地追赶着空中太阳的脚步。他不停地追啊追啊，翻过一座座山，跨过一条条河，日落时分，眼看就要追上了。但他太累、太渴了，一天的奔跑几乎蒸发了他体内所有的水分。他正跑在黄河边，就一口气喝干了黄河水。喝完之后，依然觉得很渴，就又喝干了渭河的水。之后，他继续往北跑，想要到纵横千里的大泽（湖）寻找水喝，可惜的是，还没等跑到大泽，他就累倒在地上，再也没能起来。临死之前，夸父将自己的手杖抛了出去。神奇的是，手杖落地的地方，生长出一片茂盛的桃林。

夸父档案

所属部族 夸父族

居住地 成都载天

先祖 后土

一生走向 追上太阳

象征 与大自然斗争，不屈不挠

黄河

中国境内第二长河，全长约 5464 千米。因流经黄土高原时，支流带入大量泥沙，致使河水呈黄色而得名。黄河是我们中华民族的母亲河，黄帝部落就发源于黄河流域。

蚕神献丝

欧丝之野在大踵东，一女子跪据树欧丝。
三桑无枝，在欧丝东，其木长百仞，无枝。
范林方三百里，在三桑东，洲环其下。
——《海外北经》

蚕神档案

别称 马头娘、蚕花娘娘
居住地 欧丝之野的桑树下
相关产业 蚕桑
主要技能 吐丝
相关风俗 接蚕花、演蚕花戏等

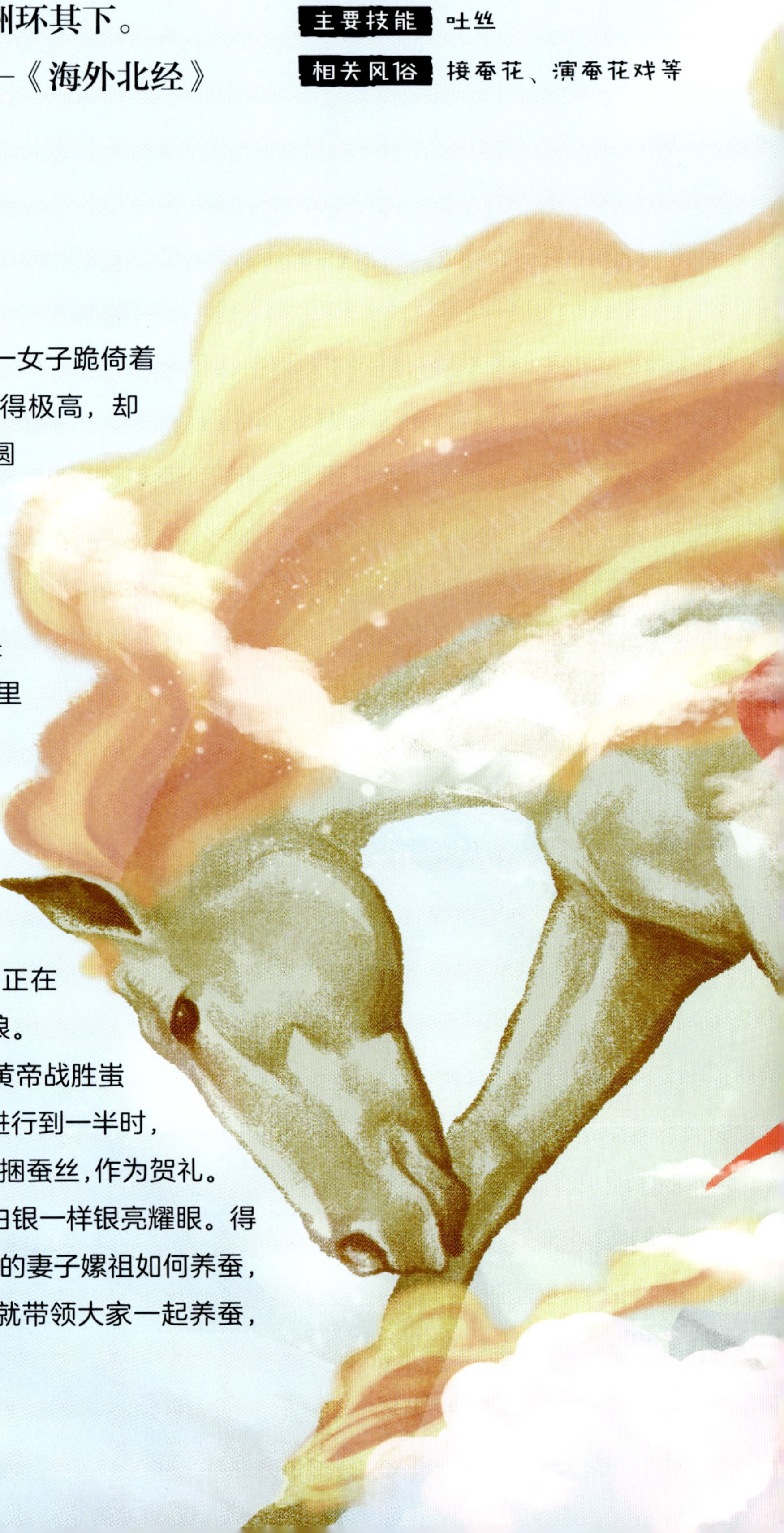

欧丝之野在大踵国的东侧，这里有一女子跪倚着桑树而吐丝。有三棵大桑神树，它们长得极高，却不长枝条。在此三桑神树的东方，是方圆三百里的范林，为沙洲所环绕。

这个倚树吐丝的女子就是传说中的蚕神，又称为“马头娘”。关于这个故事，《搜神记》里是这么讲的：她还是个小姑娘时，因想念远征的父亲曾对家里的马戏言，如果能带父亲回家就嫁给它。不想马果真为她办到了，她却食言了。父亲知道后杀了马，并把马皮挂在树上曝晒。当她对着马皮嘲笑时，马皮一下子就裹在她身上飞走了。数天后，待父亲找到她时，只看到高大的桑树及正在吐丝的女儿。自此，蚕神又被称为马头娘。

据《绎史》卷五引《归藏》所说，黄帝战胜蚩尤后，曾与群臣摆下宴席。欢乐的宴会进行到一半时，蚕神突然从空中飘下，她向黄帝献上了两捆蚕丝，作为贺礼。一捆丝像金子一样金光灿烂，一捆丝像白银一样银亮耀眼。得到蚕丝的黄帝非常高兴，就让蚕神教自己的妻子嫘祖如何养蚕，如何抽丝织布，做成衣服。此后，嫘祖就带领大家一起养蚕，并在百姓中推广。

嫘祖

黄帝的妻子。有史料记载，是嫘祖发明了养蚕技术，并教会人们种桑养蚕，抽丝做成丝织品，所以她也是民间供奉的蚕神之一。

桑树

一种落叶乔木，最高可达十六米左右。桑树的叶片较大，呈卵形，是蚕最好的食物。

接蚕花和谢蚕花

民间祈求蚕茧丰收的一种仪式。农户女主人从赞神歌者手里接过纸做的蚕花和蚕神神位等物品，放好收藏，等蚕茧抽丝后再拿出来供奉、烧掉，表示谢蚕花。

羲和浴日

下有汤谷。汤谷上有扶桑，十日所浴，在黑齿北。居水中，有大木，九日居下枝，一日居上枝。

——《海外东经》

大荒之中，有山名曰孽摇頵羝。上有扶木，柱三百里，其叶如芥。有谷曰温源谷。汤谷上有扶木，一日方至，一日方出，皆载于乌。

——《大荒东经》

东南海之外，甘水之间，有羲和之国。有女子名曰羲和，方日浴于甘渊。羲和者，帝俊之妻，生十日。

——《大荒南经》

在东南方向的大海之外，甘水河之间，有个羲和国。这里有位叫羲和的太阳女神，她是天帝帝俊的妻子，他们生有十个儿子，十个儿子都是太阳。他们和母亲一起住在汤谷（在黑齿国的北方），汤谷中生长着一棵巨大的扶桑神树，高达几千丈，十个太阳就睡在这棵扶桑树上。其中九个太阳住在下面的树枝上，另一个则住在上面的树枝上。兄弟十人，每天轮流负在三足乌的背上到天上照耀人间。而母亲羲和，每天都会驾着由六条龙拉着的龙车，接送值班的孩子。

每天早上，不管哪个太阳去天上值班，在登上龙车之前，都会在水里洗个澡。羲和也常带孩子们一起在汤谷里洗澡，把他们个个洗得干干净净，明亮闪光，让他们给人间带来更多的光明和温暖。

一开始，孩子们在母亲羲和的照顾和接送下，非常尽职尽责。可是后来，十个太阳变得淘气起来，他们不顾母亲的约束，一起到天上玩耍，这下麻烦大了，地上河流干涸，大地干裂，人们无法生存。这才有了羿射九日的传说。从此，天上只剩下一个太阳，它每天昼出夜息，温暖人间，万物复生，人们的生活才恢复了平静。

十日档案

父亲 帝俊

母亲 羲和

其他姐妹 十二月

居住地 汤谷扶桑

职责 轮流照耀大地

结局 仅留一个

十二月传说

据《大荒西经》，十二个月为帝俊的十二个女儿，十个太阳的异母姐妹。十个太阳白天轮流值守，她们则在晚上轮流照耀夜空。而且，她们的母亲常曦也每日在水边浴月，为她们梳洗打扮。

羲和

传说中天帝帝俊的妻子，也是十个太阳的母亲，称太阳神或日月女神。相传她为儿子们驾车，为他们沐浴，还制定了时历。

帝俊

又名帝夋，传说中的上古天帝。《山海经》多次提到他。他是东方部族的远古始祖，子孙分散四方，均建立了各自的国家。有传说他鸟头、猴身、独腿、弓背，拄杖而行。

被惩罚的贰负

贰负之臣曰危，危与贰负杀窫窳。帝乃梏之疏属之山，桎其右足，反缚两手与发，系之山上木。在开题西北。

——《海内西经》

一曰贰负神在其东，为物人面蛇身。

——《海内北经》

贰负档案

形象 人面蛇身
性情 喜杀戮
特殊技能 跑得快
象征 武官
杀戮对象 窫窳
后果 被黄帝惩罚，囚禁在疏属山

《海内南经》中，窫窳龙首食人，居弱水之中。窫窳与贰负原本都是人面蛇身的天神，贰负擅长跑步，被认为是跑得最快的神，性情却有点暴虐，喜欢杀戮。他手下有一个臣子名叫危，他俩合伙杀了窫窳。窫窳无辜受害，黄帝得知此事后十分震怒，杀了搬弄是非的危，并重罚了贰负。同时，他让其他天神将窫窳抬到昆仑山，让几位巫师用不死药救活了他，但复活后的窫窳变成了弱水中的食人怪物。

贰负作为天神，却犯了杀神的大罪，受到了什么样的惩罚呢？他被囚禁在开题国西北方的疏属山中，右脚戴上枷锁，双手则被自己的头发反绑住，困在了一棵大树下，生生世世受拘押之苦。唐时的《独异志》中记载，汉宣帝时人们在疏属山一个密封的石室里，发现了被关押的贰负。在将他运到长安的途中，贰负变成了石头。汉宣帝很好奇，就召集群臣问原因，只有刘向讲出了石头的来历，说“若有明君，

危

贰负的下属，传说他是鸟头人身，手中常拿着一个木杖。他与贰负合谋杀了窫窳，也受到了惩罚。

当得出外”。然而汉宣帝并不相信，认为他妖言惑众，把他关进了监狱。他的儿子刘歆救他时，他说如果给石头喂人乳，石头就会复变为人，汉宣帝照做后，贰负就果然变回人形并讲了自己的来历，跟刘向说的一模一样。汉宣帝很高兴，就封刘向和刘歆做官，问刘向是怎么知道这件事的，刘歆回答说这个故事出自《山海经》。

贰负在后来的一些朝代中成为武官的象征，现在贰姓中一部分族人就来自武将世家。

疏属山

传说中贰负的囚禁之地，位于今陕西绥德境内。秦朝时，疏属山一带是防御匈奴的军事要地，太子扶苏曾在山上驻军。后来，扶苏含冤自杀，就葬在这座山上。有关它的最早记载就见于《山海经》。

人鱼传说

陵鱼人面，手足，鱼身，在海中。

——《海内北经》

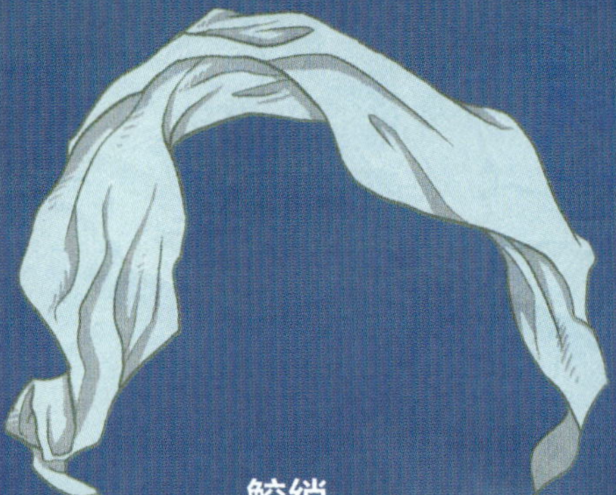

鲛绡

传说中鲛人所织的绡，也指薄绢、轻纱、手帕、丝巾等丝织品。

人鱼档案

别称 鲛人

属性 人鱼

形貌 人面鱼身

特殊技能 泪化珍珠、善于纺织

其他国家相似传说 日本矶姬、希腊海妖塞壬、德国罗蕾莱

矶姫

日本传说中一种类似人鱼的妖怪，亦是人面鱼身，只是嘴很大，有尖锐的牙齿，头部还长着两个像鹿角一样的角，身长二三十米，是会吃人的可怕的海妖。

大海中生活着一种陵鱼，他们长着人的面孔，鱼的身子，而且有手有脚。传说，陵鱼一出现，就会有大风浪。《搜神记》中也记载，南海之外有生活在水里的人鱼，也叫鲛人。鲛人在海中过着神秘的生活，多是面貌美丽异常的女子，皮肤洁白如玉石，长发乌黑亮丽，如黑色的缎子。她们在海中寻觅食物，眼中流出的泪水会化为晶莹的珍珠。而且，她们非常善于纺纱织布。她们织出的绡叫鲛绡，也叫龙纱，做成衣服穿在身上入水不湿。这种鲛绡当然非常昂贵，一匹就能价值百金。《太平御览》引《博物志》记载的一个故事，曾有一个鲛人离开大海，隐去鱼尾，来到陆地上生活，就以卖纱为生。她离开时，向寄居的主人要了一个盘子，然后对着盘子流泪，转眼泪珠就变成了满盘的珍珠，她将这盘珍珠送给对方作为答谢的礼物。

在我国，还有很多关于人鱼的传说，也有很多文人在文学作品提到了鲛人。比如，唐朝诗人李商隐有名句“沧海月明珠有泪，蓝田日暖玉生烟”，前句讲的就是鲛人眼泪化为珍珠的传说。

海妖塞王

希腊神话传说中的半人半鱼的海妖。她们相貌美丽，会在狂风暴雨的晚上，到岸边唱凄美的歌，以此诱惑水手，让他们的船撞向礁石，遭受海难。

罗蕾莱

德国传说中的人鱼。和希腊海妖塞王一样，她也会用美丽的外表和哀怨动人的歌声诱惑过往的船夫，让他们分心失去方向，沉入河底。

创世母神女娲的传说

有神十人，名曰女娲之肠，化为神，处栗广之野，横道而处。

——《大荒西经》

女娲庙

民间奉祀女娲的庙宇。其中，位于河北邯郸境内的女娲庙，建于北齐时期，距今有一千四百多年了，是全国规模最大、最古老、影响最深广的女娲庙。

女娲档案

地位	创世母神
别称	娲皇、女阴、有蟜（jiǎo）氏等
母亲	华胥氏
哥哥	伏羲
形貌	人面蛇身，一天七十变化
主要事迹	抟土造人、炼石补天、创造万物等
民间崇拜	女娲庙

华胥氏

上古时期母系部落的杰出首领，史书中说她是伏羲和女娲的母亲，中华民族的“始祖母”。其实，华胥应为氏族或部落之名。按《列子》《太平寰宇记》等书中记载，华胥氏所在地域应在今陕西境内。

女娲石

女娲用来补天的石头。后世流传了许多关于女娲石的传说，最著名的就是《红楼梦》中的通灵宝玉，真身转世为贾宝玉，来到人间经历悲欢离合、世态炎凉的故事。

在一片叫栗广的原野上，有十个神人阻断道路居住于此。他们被称为“女娲之肠”，都是由女娲的肠子变化而来的。人首蛇身的女娲，就是我们大名鼎鼎的创世母神。

女娲神通广大，一天能有七十次变化。《风俗通》中说，天地开辟之后，她觉得大地太空荡了，就创造出鸡、狗、猪、羊、牛、马等禽畜，然后用黄泥仿照自己的模样，创造了人类，从此大地才变得欣欣向荣起来。

可是，共工撞了不周山后，不仅将天撞出个大窟窿，地上也是洪水滔天，到处有凶兽作乱。眼看人类无法生存，作为创世之母的女娲非常焦急，决心先将天补好。她从大江大河里挑出许多五彩石子，然后架起火堆，将这些石子熔炼成石浆，再带着这些黏稠的石浆飞到天上，将天上的窟窿一点点补好。做完这项工作，她又杀了一只在水中作乱的巨鳌，斩下它的四只脚，作为天柱撑住了大地的四方，防止天空再次坍塌。

天空稳固之后，女娲又杀了在洪水中兴风作浪的黑龙，赶走其他恶禽猛兽，并用芦苇烧成的灰烬堵住洪水，平息了水患。

终于，大地恢复了平静，女娲也可以安心躺下休息了。这时，她的身体开始分化，其中一根肠子就化为了那十个神人。

太子长琴作音乐

有榣山，其上有人，号曰太子长琴。颛顼生老童，老童生祝融，祝融生太子长琴，是处榣山，始作乐风。

有五采鸟三名，一曰皇鸟，一曰鸾鸟，一曰凤鸟。

——《大荒西经》

西北海以外，有个北狄国。北狄国旁边有座仙山，名榣山，山上住着一位仙人，号太子长琴。太子长琴是火神祝融的儿子，老童的孙子，相传他出生时怀里就抱着一把小琴，天地都因为他的降生而发出欢快的乐声。这也注定了太子长琴一生都和音乐有不解之缘。

太子长琴酷爱音乐跟他的祖父是分不开的，《西山经》中说“老童发音常如钟磬”。宋代《古琴疏》中说，祝融取榣山之榇 (chèn) 作琴，弹出来的声音与众不同，能引来五色神鸟：皇鸟、鸾鸟和凤鸟，是琴中的至宝。因此，长子出生后就起名为“琴”。

据说，太子长琴还是首创“风”这种乐曲的人。什么是风呢？简单来说，就是民俗歌谣。自西周开始，各诸侯国就采集民风，进献给天子，由专门的乐师整理、谱曲，演奏给天子听，作为处理国家大事的参考。“风”对后世的诗歌影响深远，所以太子长琴被后世尊称为“乐神”。

按《史记·楚世家》中的记载，楚人是祝融吴回后裔，楚地多歌、楚人好乐的风俗很有可能跟太子长琴有关系。

北狄国

相传是黄帝后裔建立的国家，在河西、太行山一带。黄帝有个孙子叫始均，始均的后代子孙建立了北狄国。他们是游牧民族，善于骑射。

老童

颛顼帝的儿子，黄帝的曾孙。传说他爱好音乐，善于唱歌。后人以他的名字为姓，所以他也是童姓始祖。

皇鸟、鸾鸟

皇鸟为传说中的雌凤，鸾鸟是一种近似凤凰的神鸟，后人也将“鸾”作为“凤”的别称，或将二者并用，比如“鸾凤和鸣”。

太子长琴档案

地位　乐神

居住地　榣山

父亲　火神祝融

特殊技能　琴声通灵

黄帝战蚩尤

蚩尤作兵伐黄帝，黄帝乃令应龙攻之冀州之野。应龙畜水，蚩尤请风伯雨师，纵大风雨。黄帝乃下天女曰魃，雨止，遂杀蚩尤。魃不得复上，所居不雨。

——《大荒北经》

黄帝档案

身份 古华夏部落联盟首领，华夏人文始祖

别称 轩辕氏、帝鸿氏

父亲 少典（古部落首领、有熊国国君）

战团成员 应龙、风后、旱魃等

一生功绩 制衣冠、建舟车；统一华夏；建立古国体制等

按《史记》所载，上古时期北方的黄帝和炎帝于阪泉之野大战，炎帝战败后形成炎黄部落。同时，南方还有一个强大的九黎部落。九黎部落首领蚩尤不服黄帝之令，黄帝就联合其他诸侯在涿鹿大战蚩尤。

《龙鱼河图》中说，蚩尤兄弟八十一人，个个都是铜头铁额，勇猛无比。他们长着牛一般的利角，连毛发竖起来都好像刀枪剑戟，战斗力非常惊人。

蚩尤率领着他的兄弟团和部族士兵来到涿鹿，黄帝派出大将应龙迎战，还训练了一支由虎、豹、熊、罴等猛兽组成的军队。刚一交战，蚩尤便使出召雾的本领，用漫天大雾围住了黄帝的军队，将对方杀得大败。危急时刻，黄帝一位叫风后的手下，根据天上的北斗星，造

蚩尤档案

身份 九黎部落联盟首领

别称 兵主、战神

图腾 牛和鸟

战团成员 兄弟、风伯、雨师、夸父等

一生功绩 制造弓箭、铜器；建立城市；发明刑法；收复东夷等

出了能辨别方向的指南车，士兵们这才冲出了蚩尤的浓雾。

第二个回合，蚩尤又召出风伯、雨师，掀起猛烈无比的狂风暴雨。应龙虽然善于控水，但也难以抵挡。黄帝无奈，就请来旱神女魃下界助战。女魃的身体里有大量的热量，她一来就把洪水烤干了。应龙趁机带人将蚩尤和他的兄弟们杀得四散而逃，但女魃因为神力耗尽而不能再回天界，黄帝就把她安置在赤水河的北面。

蚩尤损兵折将，又请来夸父部族帮助自己。黄帝派人去东海捉来夔牛，用它的皮做成了鼓；又派人到雷泽捉来雷兽，用它身上最大的骨头做成了鼓槌。再次交战时，黄帝下令擂响几十面夔牛鼓，震天的鼓声震慑了蚩尤的军队，他们无法施展魔法。最后，应龙杀了蚩尤和夸父，黄帝收服了其他部落，成为天下共主。应龙也因神力耗尽，天界难回，就居住在了南方，所以南方雨水很多。

风后

传说中黄帝的宰相，风姓部落的首领，精通天文、历法及兵法。他发明了指南车和八阵图，死后葬于风后陵，即现在山西运城的风陵渡。

女魃

传说中的旱神，本住在昆山共工台，因神力耗损而居赤水之北。她到哪里，哪里就会大旱，所以民间有“逐旱魃”的活动。

夸父族

住在北方大荒山中的巨人族，善于奔跑，且喜爱打抱不平。在涿鹿大战中，他们曾帮助蚩尤对抗黄帝部落。

鲧盗息壤

洪水滔天。鲧（gǔn）窃帝之息壤以堙洪水，不待帝命。帝令祝融杀鲧于羽郊。

——《海内经》

鲧档案

别称 崇伯鲧、夏鲧、白马

所属部落 有崇部落

儿子 大禹

主要事迹 盗息壤、治水、建造城郭等

身死地 羽山

《山海经》中鲧治水的传说，充满了悲情英雄色彩。话说在大荒时代，大地上到处都是洪水，百姓无法生存。天神鲧不忍心见百姓受苦，就从天上偷走了天帝的宝贝——息壤，下界治水。什么是息壤呢？这可是一种神奇的土壤。传说，这种土可以自己不断生长，只要把一小块投到大地上，就会马上生出大片的土地，还能堆成大山，聚成河堤。鲧将息壤填到洪水中，水中很快就生出了土地，筑成了高堤。洪水不再肆意奔流，乖乖地顺着沟壑流走了。就在鲧即将成功的时候，天帝发现了他私自下界并偷走息壤的行为，大为震怒，就派遣祝融把鲧杀死在羽山的郊野。《开筮》中说鲧的尸首三年没有腐烂，后有人拿刀划开了他的肚腹，禹就从里面出来，而他的尸首后来变成一条黄龙（也有说黄熊），潜入了羽山下的河水中。禹既出，天帝就命禹治水，禹划定了天下九州。

《史记》中记载，尧舜时期，天下洪水滔滔，人们生活极为艰难。在四岳的推荐下，帝尧启用了有崇部落的首领鲧治水。鲧花了九年时间治水，最终失败，被帝舜杀于羽山。鲧死后，他的儿子禹接受帝舜的命令继续治水。禹总结了父亲治水失败的原因，采用了疏导的方式，历经十三年的辛苦，终于完成了治水大业，老百姓又过上了安定的日子。

有崇部落

远古时期一个富有治水经验的部落，居于嵩山脚下、大河南岸。鲧的儿子大禹成为部落联盟首领后，就在嵩山南面的阳城（今河南登封）建立了都城。

羽山

今连云港东海县温泉镇羽山村，位于江苏与山东的交界处。山上原有一汪甘甜的殛（jí）鲧泉，当地人说它连着东海，是“海眼”。

大禹治水

鲧复生禹。帝乃命禹卒布土以定九州。

——《海内经》

大禹档案

- **地位** 部落联盟首领
- **父亲** 鲧
- **妻子** 涂山女娇
- **儿子** 启
- **主要成就** 治水、定九州、制造九鼎等
- **主要助手** 伯益、应龙、旋龟等

九鼎

相传，大禹将天下分为九州，并铸造九鼎，每鼎象征一州，上面镌刻有各州的名山大川、奇异之物等。后来，“九鼎”就成为天下和王权的象征。

鲧死禹出，洪水肆虐依旧。禹接替了父亲的使命，继续治水工作。禹先观察河道，并认真分析了父亲治水失败的原因。他认为，洪水太猛烈了，只靠筑高堤坝是行不通的，得疏导引流才行。于是，他带领助手们翻山过河，从西向东，一路测量地势的高低，规划好河道。之后，他们就根据立好的标杆，开山辟谷，疏通河道，引洪水入海。

治水工作非常辛苦，但禹和大家一起劳作，从不怕劳苦，也不敢休息。传说，他在治水期间，曾三次路过自己家门，都没顾上回家看一眼妻子和孩子。经过十三年的不懈努力，大禹和他的助手们终于平定了水患，治水成功。禹在治水过程中，还得到了应龙和旋龟的帮助，天帝也不再吝啬息壤，将息壤赐给了他。

帝舜在年老的时候，就把自己的位子传给了大禹。大禹成为新的部落联盟首领，他将天下划为九州，使百姓安居乐业。为纪念他的功绩，大家为他修庙筑殿，尊他为“禹神”，我们的整个中国也被称为“禹域”，就是说，这里是大禹曾经治理过的地方。

伯益

黄帝后裔，因协助禹治水有功，赐嬴姓（一说姬姓）。夏朝建立后，又成为夏王启的卿士，被认为是《山海经》的最初撰写人。

附录

1 鹿蜀

扭阳山之兽。外形像马，白头红尾，全身有老虎斑纹，叫声像人在唱歌。相传，佩戴它的皮毛可子孙满堂。

2 狡

玉山之瑞兽。外形和叫声都像狗，身上有豹子一样的花纹，头上还有一对牛角。相传，它在哪里出现，哪里就会五谷丰登。

3 长右

长右山之兽。一种长着四只耳朵的猿猴，叫起来像人在歌吟。它出现在哪里，哪里会有大水灾。

4 蜚

太山之兽。外形像牛，头披白毛，只有一只眼睛，还有蛇一样的尾巴。它走到哪里，哪里溪流干涸，草木枯死，预示将有大瘟疫出现。

5 虎蛟

祷过山下泿水中之怪蛟。身形像鱼，尾巴像蛇，叫声则如鸳鸯叫。相传，吃了它的肉可消肿病，还能治疗痔疮。

6 蛮蛮

崇吾山之比翼鸟。外形像鸭子，有一只翅膀和一只眼睛，必须两只在一起才能飞行。蛮蛮一旦出现，便预示有水灾。

7 讙

翼望山之野兽。形状像狸猫，有三条尾巴，一只眼，叫声赛过百种动物的鸣叫。饲养它能辟凶邪，人吃了它的肉可治黄疸病。

8 诸犍

单张山之兽。外形像豹，拖着长长的尾巴，人面牛耳，只有一只眼睛。行走时，它喜欢叼着尾巴，休息时则将尾巴盘绕在自己周身。

9 窫窳

少咸山上的食人凶兽。窫窳原为人面蛇身的天神，被杀后又得天帝复活，成为凶兽，外形如牛，人脸马足，叫声如婴儿啼哭，后因危害百姓而被后羿射杀。

10 孰湖

崦嵫山之兽。人面马身，长着鸟的翅膀，还有一条蛇样的尾巴。孰湖喜欢载人，适合做坐骑。

12 山狎（huī）

狱法山之兽。外形如狗，长着人的面孔，擅长投掷，一看见人就爱嬉笑，走路生风，一出现就会刮起大风。

11 九婴

上古凶兽，居于北方大河。它有九个头，能喷火也能喷水，会吃人，后被后羿射杀。

13 天马

马成山之兽。外形如狗，黑色的脑袋，看见人就会飞，叫声如自己的名字。

15 巴蛇

传说中的巨蛇，居住在洞庭湖一带。相传，它能生吞一头大象，三年后才把骨头吐出来。被后羿斩为两段，尸体变为现在的巴陵山丘。

14 酸与

景山之怪鸟。身形如蛇，长着四只翅膀、六只眼睛和三只脚，叫声如自己的名字。它出现在哪里，哪里就会有恐怖的事发生。

其他奇国

序号	国名	简介
1	三首国	在周饶国的附近。国民都有三个脑袋，而且三个头上的五官声气相通，呼吸时能同时从三个鼻孔出气，一张嘴吃东西，另两张嘴也能享受到美味
2	轩辕国	在穷山的附近，国民都很长寿，至少能活八百岁。一说他们在女子国北面，人脸蛇身，尾巴盘在头上
3	深目国	在无肠国的西面。那里的人像一目国人一样，只有一只深陷在眼眶里的眼睛，因此被称为深目。他们平时爱举起一只手，像跟人打招呼一样
4	无肠国	在深目国的东面，相传是无启国的后人。国民都身材高大，腹部没有肠子，吃进去的食物不经消化又排出体外，还可以多次食用。他们通常是一边进食，一边排泄
5	夸父国	传说中的巨人部落，在聂耳国的东面。国民个个身体高大如小山，都是右手握青蛇，左手握黄蛇，虽然样子有点可怕，但他们性格温顺，勤劳能干。部落首领夸父曾追赶太阳，因而有“夸父逐日”的传说
6	聂(shè)耳国	在无肠国的东面。国民有两个非常巨大的耳朵，一直垂到肩膀下面，睡觉时一只耳朵可以当被子，一只耳朵可以垫在身下当褥子。相传，他们是东海海神禺虢的后代，身后还常跟着两只花斑大虎
7	青丘国	在朝阳谷北边，国民以种植五谷为食，穿的是丝帛织成的衣服。这里以居住着九尾狐著称，相传大禹来到青丘，由九尾狐做媒，娶了涂山氏为妻
8	枭阳国	在北朐国的西边。国民貌似野人，长嘴唇，黑黑的身子披满毛发，一看见人就笑，喜欢左手握着竹管，脚跟则是反着长的
9	少昊国	在东海之外、穷桑之地，由天帝少昊建立的国家。这里以凤鸟为图腾，以百鸟为官，掌管兵权、政务、民事、农业、手工业等
10	巫咸国	在女丑尸（神巫）的北面。这是一个由巫师组成的国家，这里的巫师都左手握一条青蛇，右手握一条红蛇。据说，这里有一座能通天上的山，巫咸国的人可以通过它到达天上，向天帝传达人们的请求

其他名山

序号	山名	简介
1	鹿吴山	属南山第二列山系。山上没有花草树木，但有着大量的金属矿藏和玉石。一条叫泽更的河流发源于这里，水中生活着著名凶兽蛊雕。蛊雕貌似猛禽，头上长角，叫声像婴儿啼哭，能吃人
2	丹穴山	属南山第三列山系，在祷过山以东。山上也盛产玉石和金属矿物，丹水从这里发源，流入渤海。凤凰就居住在这座山上，只要它一出现，就会天下太平
3	钱来山	西山第一列山系的第一座山。山上长满苍翠的松树，山下遍布洗石。据说，这种石头可用来沐浴，搓掉身上的污垢。山中还生活着名兽羬羊，羬羊的油脂是制作护肤品的好材料
4	大咸山	属北山第一列山系，在小咸山以北。山上没有草木，地下盛产玉石。这座山是四四方方的，人不能攀登上去。山中生活着一种动物叫长蛇，蛇身上长满像猪鬃的硬毛，能发出像人敲击木梆子一样的声音
5	钩吾山	属北山第二列山系。山上也盛产玉石，还有铜矿。山中还有一种野兽，人首羊身，眼睛长在腋下，有老虎一样的牙齿，会吃人，名狍鸮。狍鸮就是大名鼎鼎的贪吃凶兽饕餮
6	泰山	属东山第一列山系。山上盛产玉石和金属矿石，山中有一种像猪一样的野兽，体内含有珠子，名叫狪狪（tōng），它发出的叫声就如同自己的名字。一条名环水的河从这里发源，水里有很多水晶石
7	姑射(yè)山	属东山第二列山系。山上没有花草树木，到处都是溪流。此外，还有南姑射山和北姑射山，同样是光秃秃的山，不生草木。如今，在山西也有一座姑射山，相传那是尧帝求访贤才的地方
8	槐山	属中山第五列山系。这座山的山谷里盛产锡。相传，周朝的始祖后稷曾在这里耕种，并将自己的耕种之法教给民众，被奉为五谷之神
9	女几山	中山第九列山系的第一座山。山上盛产石涅（一种黑色颜料）和雄黄，生长着杻树、橿树等植物，生活着老虎、豹子等野兽。洛水从这里发源，流入长江。相传，女几山也叫姑婬山，与巫山神女有关，也有说它是《西游记》中的花果山。另外，中山第八列山系也有一座女几山
10	岷山	属中山第九列山系。时人认为长江就从这里发源，水中生活着许多龟和鼍（tuó，扬子鳄），山上有丰富的玉石和金属矿藏。如今的岷山北起甘肃东南岷县南部，南到四川的峨眉山，南北长 700 多公里，有“千里岷山”之说

其他神灵

序号	神灵	简介
1	鼓	钟山之神，人面龙身，因与另一个天神合谋杀死天神葆江，被天帝惩治杀死，化为一只像鹗鹰的鸟
2	陆吾	又叫肩吾，昆仑山山神，人面虎身，还有九条尾巴。他掌管天上九部和天帝园圃
3	蓐收	西方金神，西方天帝少昊的儿子，掌管秋天。他人面虎爪，左耳挂蛇，手上拿着斧钺，身后还有一条斑白的长尾巴
4	禺彊	海神、风神和瘟神。他统治北海，人面鱼身，乘坐双头龙，两耳各挂一条青蛇。当他是风神时，则为人面鸟身
5	竖亥	步子极大、善于行走的神仙，曾步行测量中华大地，发明了测量土地的步尺
6	句芒	木神、春神，掌管树木的发芽生长。人面鸟身，乘坐两龙
7	河伯	黄河之神，也叫冯夷。传说他因渡河而淹死，被天帝封为水神，曾授予大禹治水地图
8	娥皇和女英	湘水之神，称为湘君和湘夫人。相传为唐尧的两个女儿，同嫁帝舜为妃，舜南巡死于苍梧之野，两人投湘水而亡
9	耕父	旱鬼。他住在丰山上，常在山中的清泠渊游玩，出入的地方都会闪闪发光。但他到哪里，哪里就会衰败
10	雷神	人首龙身，住在雷泽。他喜欢拍打自己的肚子，一拍肚子就会发出轰隆隆的雷声

山海经

项目策划：尚青云简·王波
内文制作：尚青云简
文字撰写：柚芽图文
插图绘制：张亚宁